高职高专物业管理专业系列教材

物业管理市场

全国房地产行业培训中心组织编写
　　张弘武　主编
　　罗永泰　主审

中国建筑工业出版社

图书在版编目(CIP)数据

物业管理市场 / 全国房地产行业培训中心组织编写．
北京：中国建筑工业出版社，2004
（高职高专物业管理专业系列教材）
ISBN 978-7-112-06621-6

Ⅰ．物… Ⅱ．全… Ⅲ．①物业管理：市场管理—高等学校②技术学校—教材 Ⅳ．F293.33

中国版本图书馆 CIP 数据核字（2004）第 067545 号

本书主要介绍了物业管理市场的产生、发展、特点、制约机制、运行规律和相关主体在市场运行各环节中的工作程序，以及政府对物业管理市场的管理和调控等问题。

本书可以作为高等院校物业管理专业及相关专业的教材或教学参考书，也可供从事物业管理的工作人员参考。

* * *

责任编辑：王　跃
责任设计：孙　梅
责任校对：李志瑛　王金珠

高职高专物业管理专业系列教材
物 业 管 理 市 场
全国房地产行业培训中心组织编写
张弘武　主编
罗永泰　主审

*

中国建筑工业出版社出版、发行（北京西郊百万庄）
各地新华书店、建筑书店经销
廊坊市海涛印刷有限公司印刷

*

开本：787×1092 毫米　1/16　印张：11¼　字数：272 千字
2004 年 8 月第一版　2016 年 9 月第八次印刷
定价：**16.00** 元
ISBN 978-7-112-06621-6
（12575）

版权所有　翻印必究
如有印装质量问题，可寄本社退换
（邮政编码 100037）

本社网址：http://www.cabp.com.cn
网上书店：http://www.china-building.com.cn

《高职高专物业管理专业系列教材》编委会名单

（以姓氏笔画为序）

主　　任：肖　云

副 主 任：王　钊　　杨德恩　　张弘武　　陶建民

委　　员：王　娜　　刘　力　　刘喜英　　杨亦乔　　吴锦群

　　　　　佟颖春　　汪　军　　张莉祥　　张秀萍　　段莉秋

参编单位：全国房地产行业培训中心

　　　　　天津工商职业技术学院

　　　　　天津市房管局职工大学

前　言

　　物业管理服务在我国登陆已经二十余年,但这种服务大多不是在开放的市场中进行的交换,而是由房地产开发商直接派给了自己的管理部门,供求双方均无选择的自由,使物业管理的发展受到一定影响。《物业管理条例》及其配套法规的出台,改变了这种私相授受的交换方式,保护了业主的合法权益。现行的法规强制达到一定规模的住宅物业必须公开招标,物业管理企业可以在完全开放的市场上公平竞争。国家通过立法所创造的需求,拉动了物业管理市场的发展。但由于我国物业管理市场启动较晚,市场运行中出现的许多问题都值得探讨。本人不揣冒昧,根据自己对国家法规政策的理解和招标投标策划中所得到的体会,对物业管理市场相关问题提出一些看法,并将其编撰成书以飨读者。

　　本书面对的读者主要是物业管理相关专业的学生和业内人士,为此力求突出实践性和可操作性。书中对物业管理市场运作程序着墨较多,而且插入了一些较为实用的表格和文本,供读者参考。

　　天津财经学院首席教授、博士生导师、微观经济研究所所长、乌克兰国家科学院名誉院士罗永泰为本书主审;天津市土地局南毅同志和天津市物业管理办公室王军同志及其他各位领导为本书的编写提供了大量资料;全国房地产行业培训中心的马丽参与了本书的校对,在此共达谢忱。

　　由于本人水平所限,肯定有不少疏漏谬误之处,尚希业内专家不吝指正。

目　　录

第一章　概述 …… 1
　第一节　物业管理市场的产生与发展 …… 1
　第二节　《物业管理市场》研究的范围 …… 3
　第三节　基本概念和基础知识 …… 4
　复习思考题 …… 14

第二章　物业管理的特征 …… 15
　第一节　物业管理服务活动的特性 …… 15
　第二节　管理模式的特点 …… 16
　复习思考题 …… 17

第三章　物业管理市场的特征 …… 18
　第一节　没有"物流"只有"人流" …… 18
　第二节　供求关系确定方式特殊 …… 18
　第三节　国家干预 …… 19
　第四节　供求主体特殊 …… 20
　第五节　各主要环节的时间顺序错位 …… 21
　第六节　受载体的牵制 …… 22
　第七节　不同市场的比较 …… 22
　复习思考题 …… 23

第四章　物业管理市场的主体 …… 24
　第一节　供给主体 …… 24
　第二节　需求主体 …… 29
　第三节　协调主体 …… 32
　第四节　非市场行为主体 …… 33
　复习思考题 …… 36

第五章　物业管理市场的运行机制 …… 37
　第一节　供求之间制约机制 …… 37
　第二节　价格调节机制 …… 39
　第三节　政府的监控机制 …… 39
　复习思考题 …… 43

第六章　物业管理市场上中介的服务 …… 44
　第一节　物业管理市场上的代理 …… 44
　第二节　物业管理市场上的咨询活动 …… 46
　第三节　物业管理市场上的居间活动 …… 48

复习思考题 …………………………………………………………………… 49
第七章　物业管理招标 ………………………………………………………… 50
　　第一节　物业管理招标内容和招标形式 …………………………………… 50
　　第二节　招标的组织 ………………………………………………………… 54
　　第三节　招标程序 …………………………………………………………… 56
　　复习思考题 …………………………………………………………………… 62
第八章　物业管理招标常用文件 ……………………………………………… 63
　　第一节　招标公告和邀请书 ………………………………………………… 63
　　第二节　招标文件 …………………………………………………………… 66
　　复习思考题 …………………………………………………………………… 85
第九章　物业管理市场营销 …………………………………………………… 86
　　第一节　物业管理市场营销的特点 ………………………………………… 86
　　第二节　物业管理市场调查分析 …………………………………………… 86
　　第三节　市场细分 …………………………………………………………… 91
　　第四节　目标市场的选择 …………………………………………………… 92
　　第五节　练好内功打造市场名牌产品 ……………………………………… 95
　　复习思考题 …………………………………………………………………… 96
第十章　物业管理投标 ………………………………………………………… 97
　　第一节　物业管理投标人 …………………………………………………… 97
　　第二节　投标目的 …………………………………………………………… 98
　　第三节　投标程序 …………………………………………………………… 99
　　第四节　投标决策 …………………………………………………………… 101
　　第五节　投标宣讲和答辩 …………………………………………………… 104
　　第六节　夺标策略 …………………………………………………………… 107
　　复习思考题 …………………………………………………………………… 108
第十一章　投标文件 …………………………………………………………… 109
　　第一节　投标文件的主要内容 ……………………………………………… 109
　　第二节　投标文件的形式和包装 …………………………………………… 112
　　第三节　制定投标文件的几个关键问题 …………………………………… 113
　　复习思考题 …………………………………………………………………… 114
第十二章　物业管理决标 ……………………………………………………… 115
　　第一节　决标的原则 ………………………………………………………… 115
　　第二节　决标程序 …………………………………………………………… 116
　　第三节　决标技术 …………………………………………………………… 126
　　复习思考题 …………………………………………………………………… 133
第十三章　物业管理市场的法律保障 ………………………………………… 134
　　第一节　相关法规政策 ……………………………………………………… 134
　　第二节　物业管理相关合同 ………………………………………………… 141
　　第三节　物业管理市场上的法律服务 ……………………………………… 149

复习思考题 ……………………………………………………………… 149
第十四章　物业管理市场的监督管理 ……………………………………… 151
　第一节　物业管理市场上目前存在的问题 ………………………………… 151
　第二节　市场化的引导 ……………………………………………………… 154
　第三节　物业管理招标投标专职管理机构 ………………………………… 156
　第四节　对招标投标过程的监督管理 ……………………………………… 159
　第五节　物业管理招标投标公证 …………………………………………… 163
　第六节　交换过程的管理 …………………………………………………… 167
　复习思考题 …………………………………………………………………… 171
参考文献 ………………………………………………………………………… 172

第一章 概 述

房地产在消费过程中有多种管理模式。解放以后我国城市房屋的产权多为公有,国家一直委托房地产行政主管部门采用行政手段来管理。改革开放后,产权结构发生了巨大的变化,传统的管理模式不能适应多元化的产权结构。因此,迫切需要一种新的管理模式替代传统的管理模式。但是究竟采用哪种模式进行管理为好,在当时尚无权威性的结论。从20世纪80年代初期到90年代初期,出现了多种管理模式并存的局面,如:街道管理、开发商管理、物业管理以及街道、开发商和居民的三结合管理等。直到1993年经过十几年的工作实践和专家论证、总结,一致认为专业化、社会化、企业化和经营型的物业管理,是现阶段房地产消费过程中的最为理想的管理模式。

传统管理模式和新兴的物业管理模式的最根本的区别,就在于传统管理模式是计划经济的产物,而物业管理是市场经济的产物。要想推动物业管理快速发展,就必须对物业管理市场的产生、发展及其运行的规律进行深入的研究。

第一节 物业管理市场的产生与发展

一、物业管理市场启动

物业管理市场的产生是生产力水平提高和经济发展的结果,社会分工深化必然导致制度化交换机制的建立。科学技术的发展,使一些技术含量较高的设备成为物业的组成部分之一。使用和维护这些设备需要有很高的专业知识和技能,于是一种新的商品——物业管理服务便应运而生了。业主必须到市场上购买这种商品,满足消费过程的需要。在市场经济的社会里,此类商品的市场早已形成,但在我国因为物业管理工作开展得较晚,其市场的形成也姗姗来迟。

物业管理虽然是市场经济的产物,然而在初始阶段并没有走向市场,而是依附于开发商的羽翼之下,成为开发商的附庸。严格地讲,这还不是真正意义的物业管理,仅仅是房地产开发的售后服务。物业管理应当是专业化、社会化、企业化和经营型的。但当时的专业化程度并不高,社会上专业服务机构也还没有建立起来;更谈不上社会化,因为服务的供给主体封闭在开发企业的内部,只管理自己所开发的房地产;也不是企业化,虽然开发商是企业,但管理机构本身不是独立的企业法人,不可能与开发商形成平等企业之间的合同关系,无法以独立企业身份运行;因为没有进入市场也就没有办法把"物业管理服务"这一商品放到市场中去经营,所以也不是真正的经营型。我们这样分析问题并不是想否定当时的成就,提倡市场化也不是想抹煞开发商扶植物业管理的作用。没有学会走路不可能会跑步,应该说这是物业管理发展历程中不可逾越的必然阶段。没有房地产开发企业对物业管理的培育,也就不会有今天物业管理的大好局面。房地产开发企业,对中国物业管理发展所起的作用将永远载人史册。但我们不能总在摇篮里生活,也不能总靠学步车走路,引进市场竞争机制是物业管理发展的必然趋势。

(一)房地产开发与物业管理合一的弊端

物业管理囿于房地产开发企业内部,开发商、业主和物业管理企业各有苦衷:

1. 管理者处于被动地位

房地产开发企业以生产和流通为主,消费中的管理从属于生产和流通。在开发商的眼里,管理只不过是为开发扫尾,必须听命于开发商的安排,管理者没有主动权。

2. 业主的权益不能得到有效保障

物业管理者不是受业主直接委托,没有形成相互制约的合同关系。当开发商和业主的利益发生冲突时,管理者为了维护开发商的利益而不得不损害业主的利益。

3. 依赖母体供血

由于管理者并没有把业主的利益放在第一位,业主也不可能百分之百按时付费,管理工作难以为继。而开发商为了顺利售房,管理成本只能由开发商承担。物业管理不能完全自给,而依靠母体供血生存。

4. 代人受过责任不清

房地产在开发建设的过程中,设计、施工或供料等任何一个环节问题都会影响质量。这些质量问题应该是开发建设单位的责任。但业主入伙后,在使用中发现了其中的问题往往迁怒于管理者,使之代开发商和施工单位受过。

5. 影响物业管理发展

房地产开发和物业管理混在一起,各主体的责任、权利、义务模糊不清。物业管理在经济上不能独立,严重地影响了物业管理的发展。

有鉴于此,开发商、业主、物业管理企业和行业的行政主管部门,都希望通过市场竞争来解决这些问题。

(二)物业管理市场启动

在1994年,某城市政府兴建的三十多万平方米的住宅小区,拟通过招标的方式确定物业管理单位。但当时并不是在公共媒体上公开招标,而是房地产行政主管部门向其所属的几个物业管理公司下发通知,让他们前来投标。这种招标方式,有点近似于邀请招标。虽然如此,但此举毕竟开物业管理招标之先河,打破了物业管理服务私相授受的局面。此后,在各地陆续出现了用邀请招标和议标的方式来选聘物业管理企业。大约从1996年开始,有些地区在选聘物业管理企业时,已经在公众媒体上公开招标。这标志着我国真正的物业管理市场竞争已经开始,物业管理市场已经启动。

二、物业管理市场的培育

物业管理市场的启动是物业管理的一个新起点,还需要社会和全行业的培育。培育市场必须要强化市场需求,抑制非市场行为的交换,规范主体的行为使之日趋成熟。解决这一问题的办法是立法、舆论宣传和建立完善的市场运行机制。法律是强制性的,通过立法使房地产开发与物业管理剥离,通过立法强制物业管理的消费需求。舆论宣传的作用是讲清道理、转变观念,使全社会都能认识到物业管理和物业管理市场对每一个社会成员的重要意义。

近几年来立法问题正在逐渐解决,已经出台了《物业管理条例》、《招标投标法》、《前期物业管理招标投标管理暂行办法》和《物业服务收费管理办法》等。各地也相继制定了与之配套的实施细则,并建立了相应的组织机构,物业管理市场必将迅速得到发展。

国家通过强制招标引导消费需求,而消费者在尝到了物业管理的甜头以后就成为了自愿的需求。市场上有了消费者的需求意愿,国家再订立一系列的游戏规则,物业管理市场将会日趋完善。

三、物业管理市场的发展趋势

相关法律法规的出台使房地产开发企业不得不走向市场,物业管理企业也离开了母体而展开激烈的竞争。有些企业可能会徘徊观望,甚至是为了眼前的蝇头小利而设法抵制市场的形成。但这也只能是螳臂挡车,物业管理市场肯定要向前发展,估计发展的趋势是:

（一）住宅物业全面招标

由于法律强制住宅必须通过招标选择物业管理企业,开发商回避招标已不太可能。虽然各地都规定了一定规模的限制,但低于这个规模的开发项目也很难通过规划管理部门的审批。因此绝大部分的住宅物业,都会采用公开招标的方式确定供求关系。

（二）物业管理企业纷纷脱钩

《物业管理条例》规定:"从事物业管理活动的企业应当具有独立的法人资格。"原来依附于开发企业的物业管理机构,只能与其脱钩,否则无法接管新的项目。

（三）非住宅物业陆续竞标

市场机制的建立,使物业管理的当事人尝到了甜头。虽然国家现在不强迫非住宅物业招标,但许多非住宅项目的开发商将会主动招标,物业管理市场日趋完善。

第二节 《物业管理市场》研究的范围

一、基本概念

本书首先应探讨与物业管理市场相关的基本概念。1994年以后,物业管理的有关书籍开始陆续出版,迄今已不计其数。也正是由于有这么多的学者和业内人士对物业管理的深入研究,才使物业管理得到长足的发展。但早期出版的一些书籍对于有关物业管理市场基本概念的描述并不十分清楚,有的甚至把物业和物业管理、房地产市场和物业管理市场混为一谈。为了澄清有关的概念,也为了在书中探讨问题方便,在本书开始时拟将本书涉及到的基本概念先交代清楚。对于在业内还有争议的问题,也在此阐明自己的观点。

二、市场运行规律

研究市场首先应该分析市场的供求关系,把握市场供求变化规律。物业管理市场供求变化有其自身的特点,而且与房地产市场和服务市场有着千丝万缕的联系。本书对此试图予以揭示。

三、主体责任

物业管理具有主体广泛性的特点,参与物业管理市场运行的主体很多,但各个主体对自己和相互之间所应承担的责任和义务并不十分清楚,以致使物业管理市场无法正常运行。如:物业管理市场上需求方的支付意愿问题较大。许多物业管理项目服务费收缴率极低,不能支付物业管理服务成本,服务活动难以为继。细究其原因,并不是物业管理市场的供给方所提供的商品质量有问题,而是物业管理服务活动载体的质量有问题。按道理讲,应该追究物业市场上供给方的责任,但物业市场的供给方是房地产开发商而不是物业管理企业。可是业主对责任主体浑然不知或开发商售房后已难寻去向,只好迁怒于物业管理市场的供给方。为了使物业管理市场正常运行,本书有必要对物业管理市场上各个主体的责任予以澄清。

四、物业管理市场运行方式

由于物业管理市场的主体和客体与普通商品市场上的主体和客体有很大的差别,因此市场的运行方式也有所不同。本书拟对物业管理市场运行规律进行探讨,并介绍主要运行方式。

五、管理和调控

物业管理市场的主体是非常广泛的,市场是否能够正常发展直接影响着社会成员的切身利益,政府必须对其进行必要的管理和调控。特别是市场启动伊始,更要规范和引导市场的发展方向。本书也想就目前市场上出现的问题,以及如何管理和调控市场进行探讨。

第三节 基本概念和基础知识

一、物业

(一)物业的含义

物业是物业管理的标的物,是研究物业管理的核心,但国家对物业一词并没有明确而权威的解释。"物业"原为香港地方俚俗之语,意指单元性的房地产,包括一宗土地、一幢楼宇或一套住房。20世纪80年代初此词已经传到大陆,但字典中并无确切解释,将其理解为房地产也不十分准确,因此大陆多不使用。自从1994年《城市新建住宅小区管理办法》出台以后,为了区别房地产消费过程中传统的管理模式,而把新的管理模式称之为"物业管理"。从此"物业"一词不胫而走,成为家喻户晓的词汇。但我们所指的物业与香港人所说的物业并不完全相同。我们所指的物业是消费阶段的房地产,而香港所说的物业包括了尚未开发建设的生地。

抛开物业的社会属性不谈,物业的自然属性应包括房屋和土地。但《物业管理条例》的第六条明确指出:"房屋所有权人为业主"。意即物业管理中所说的"物业"不涉及土地。因为业主应当是财产的所有权人,而按照宪法规定我国"城市的土地属于国家所有"。任何人都不会拥有土地的所有权,最多只能拥有使用权。因此业主所拥有的所有权中不包括土地。在以后的探讨中也仅围绕着有关房屋、相关设施、设备和场地问题,而不探讨没有建筑物的土地及其使用权问题。

"物业"的概念国家并无法定解释,《物业管理条例》也未直接做出回答。如果我们把管理的标的理解为物业,或者按照一些地方法规对物业的诠释,则"物业"应该是指:"房屋和与其相配套的共用设施、设备和场地"。这一解释在业内基本能够达成共识。

在物业管理过程中,物业是管理的标的物,是物业管理活动的载体,也是沟通各主体之间关系的介质。对于异产毗连房屋(即多主楼宇或区分所有权建筑),由于存在着共有部位或共有设备,因此众多业主才成为某一不动产的共有人。为了维护共有财产的完好,就需要每一个业主承担一定的义务。物业是连接业主的共同利益的纽带,业主之间的相互制约仅涉及物业业权而引起的行为。物业是确立业主之间财产共有人关系的介质。如果没有物业就不存在物业管理服务行为,业主和物业管理公司就是毫不相干的两个主体。有些登门入户的服务活动属于家政服务,而不是物业管理服务。因此,物业是反映物业管理服务质量,连接物业管理供求双方的介质。

(二)物业的分类

在研究物业管理市场的过程中,肯定要涉及到各种类型的物业。为了后面描述问题的方便,在这里必须要把物业不同类型分析清楚。物业的分类方法有很多种,许多专家、学者各持己见很难统一,业内也有许多不同的看法。本人认为,研究任何问题应以法律、法规和规范规定为准。房屋虽然不等于物业;但房屋毕竟是物业的核心,研究物业应当围绕房屋及其配套设施、设备和场地进行。有关房屋的分类,我国房产测量规范中有明确的规定,应以国家现行规范为准,目前已经出台的国家规范中也只有《房产测量规范》涉及到了物业的分类问题。按照《房产测量规范》的规定,把物业分为房屋用地和房屋两大类,房屋的分类有三种,即:按房屋的产别分类、按房屋的建筑结构分类和按房屋用途分类。

1. 房屋用地分类

(1) 商业、金融业

(2) 工业、仓储

(3) 市政

(4) 公共建筑

(5) 住宅

(6) 交通

(7) 特殊

2. 房屋按产权类别划分

(1) 国有

(2) 集体所有

(3) 私有

(4) 联营企业所有

(5) 股份制企业

(6) 港、澳、台投资

(7) 涉外

(8) 其他

3. 房屋按建筑结构类别划分

(1) 钢结构

(2) 钢、钢筋混凝土结构

(3) 钢筋混凝土结构

(4) 混合结构

(5) 砖木结构

(6) 其他结构

4. 房屋按用途类别划分

(1) 住宅

(2) 工业、交通、仓储

(3) 商业、金融、信息

(4) 教育、医疗卫生、科研

(5) 文化、娱乐、体育

(6) 办公

(7) 军事

(8) 其他

(三) 物业管理区域

前面我们说过物业是反映物业管理服务质量，连接物业管理供求双方的介质，没有物业谈不到物业管理，更不会有物业管理市场。但是一套100平方米的住宅可以理解为一个物业的单位，一个几十万平方米的小区也可以理解成为一个物业的单位。作为物业管理市场商品交换的载体，究竟物业量定位到什么程度才最为适宜、才便于物业管理的实施、才便于物业管理市场运作，是我们现在要研究的问题。国家的《物业管理条例》规定："一个物业管理区域成立一个业主大会"（第九条），"一个物业管理区域由一个物业管理企业实施物业管理"（第三十四条）。物业管理区域是物业的集合，是物业管理的基本单位，是物业管理市场供求双方进行商品生产、交换和消费的载体。《物业管理条例》第九条规定："物业管理区域的划分应当考虑物业的共用设施设备、建筑物规模、社区建设等因素。具体办法由省、自治区、直辖市制定"。现在各地有关物业管理区域划分的方法有很多种，有的以订立同一业主公约的物业来确定、有的以拥有相对独立的共用设施设备来确定、有的以主要交通道路围合而成的区域来确定、有的以自然街坊或封闭小区来确定。在物业管理市场运行时，一定要注意到各地的有关规定，界定物业管理区域的范围。

(四) 物业管理项目

物业管理企业对于所接管的每一个物业管理区域，都应作为一个项目去管理。在物业管理市场上，也是以某一个物业管理项目去进行招投标的，项目是物业管理市场交换的单位。项目管理自古有之，但作为一种科学的管理手段应用于社会实践活动，则是始于20世纪中叶，近十几年才得到普遍的推广和应用。

项目是指按限定的时间、预算和质量标准完成的单件性的任务。项目管理是为了使项目能够实现所要求的目标、所限定的时间和所预测的费用，而进行的全面的计划、组织、协调和控制。单件性是项目的最主要特征，也可以理解为一次性。项目的任务和最终的成果是惟一的、没有完全相同的另一项任务。大批量的重复性生产活动不是项目。项目的单件性促使其管理者必须根据某一项目的特殊情况和要求进行管理。

项目应该有明确的目标，其目标可分为成果性目标和约束性目标。成果性目标是指项目的功能性要求，不同类型的各种项目应有各种具体的标准或技术经济指标。约束性目标是指项目的限制条件，包括时间、费用、环境和其他条件。项目是一个整体的管理对象，在按照需要配置生产要素时，必须以总体效益的提高为前提，做到数量、质量和结构的总体优化。由于项目实施过程中内外环境的变化，管理和生产要素的配置应该是动态的。项目应以最终结果进行分类，这样可以分为：建设项目、维修项目、科研项目、航天项目和服务项目。

物业管理的标的物——物业，从其出现伊始就是按项目进行管理的。决定立项之前要进行项目的可行性研究，然后要进行项目的报批工作，接下来就要进行项目的建设施工。生产阶段完成后，项目进入流通领域，通常需要进行项目的代理销售。项目在消费过程中，需要专业化的管理以达到其设计使用功能,实现其使用价值。这种专业化的管理就是物业管理,属于服务类的项目管理。需要进行专业化管理的标的物——消费过程中的物业整体,就是物业管理项目。

物业管理项目是单件性的任务,首先管理标的物本身就有异质性,世界上找不到完全相同的两个项目。另外,物业的所有者——业主对管理质量标准的要求也不尽相同,因此其任务和最终结果是惟一的。物业管理的时间应在政府主管部门规定范围内由甲乙双方约定,因此物业管理项目有一定的时间要求。物业管理应在一定预算控制下完成,而且要达到一定的目标,物业管理服务活动具有项目的所有特征。物业管理项目是以消费过程中的某物业为整体的管理对象,按照国家规定和甲乙双方约定的成果目标和约束目标,所需完成的单件性任务。

(五) 物业的权属关系

管理的权利、义务和责任源于财产的产权,只有明确了物业的权属关系,才能对物业管理进行深入的研究。前面我们在物业分类中已经提到了物业的产权有国有、私有和集体所有等。但在一个物业管理区域内,究竟哪些是国有、哪些是私有、哪些是业主群体共同所有必须界定清楚。

现在新建的住宅小区都属于异产毗连房屋,有些商贸楼也是异产毗连房屋。按照建设部的解释"本规定所称异产毗连房屋,系指结构相连或具有共有、共用设备和附属建筑,而为不同所有人所共有的房屋。"(《城市异产毗连管理规定》第二条)。业内习惯上称之为多主楼宇。从产权关系上讲,异产毗连房屋实际上是国有产权、私有产权和业主共有产权的混合体。由于异产毗连房屋是物业管理的主要标的物,我国的物业管理也源于异产毗连房屋的出现,因此这种类型物业的物业管理市场是本书研究的重点。

消费者购买了物业以后,就拥有了物业的产权即所有权,使其所购部分成为"私有"物业。但如果所购买的物业不是单体的,或具有共有、共用设备和附属建筑的建筑物,就应该是异产毗连房屋,众多业主共同拥有的"共有"产权。在现在所能见到的文件中,大多不用"共有"而用"共用"。一是因为过去并没有把所有权与管理权密切挂钩;二是因为传统的房地产管理模式中产权均为国家所有,公共部位只能是共同使用而不能共同拥有。"房改"以后,虽然许多产权已经私有,但"插花"居多并未全部转变为私有,公共部位的产权关系比较模糊,只能使用"共用"一词。

在一个物业管理区域内也存在公有产权。"公"和"共"有不同的含义,"公有"是全民所有即国家所有,也可称为"国有"。"共有"是多个私人共同拥有,是一定范围内业主群体共同所有的财产。城市的基础设施应该是国有财产,物业管理的出现只是改变了管理模式并未变更权属关系。因此,城市基础设施仍然属于国有财产。不过随着城市管理体制改革的不断深化,有些已经交由国家的垄断性经营机构去经营管理,但产权关系并没有转交给任何私人企业。这些垄断性经营机构在经济上和政策上,仍然享受着特殊的照顾。

物业管理区域内私有、共有和公有产权究竟如何划分,国家迄今尚无明确规定,因此严重地影响了物业管理责任的界定及物业管理市场上正常的交换活动。为了研究物业管理市场方便,在此先阐明本书的观点。

1. 物业的公有部分

物业管理区域内,建筑物以外的水、电、气和道路等基础设施应为公有即国有部分。公有部分业主和物业管理企业不负责养护和维修。

2. 物业的共有部分

(1) 共有设施、设备

公有和共有设施、设备的界限应以建筑物的外围为准,建筑物以外为公有部分,建筑物以内为共有和私有部分。

1) 供水设施、设备,多层建筑以建筑物外第一个水表井为界,高层建筑以建筑物内供水泵房计费水表为界;

2) 排水设施、设备以建筑物外第一个检查井为界;

3) 供电设施、设备中使用架空线路的,高层以建筑物内配电箱为界,多层以建筑物外墙为界;使用地下埋设线路供电的,以电缆进线连接箱为界;

(2) 建筑物的共用部分

前面我们已经分析了物业的公有部分,如果要把私有和共有分开,只需把私有部分剥离出去剩下的就是共有部分。建筑物的共有和私有部分不容易划分清楚,世界各国划分方法也不尽相同。有的国家是按空间划分,业主的私有部分仅为单元以内的空间,物质实体(包括所有的结构、装修和设备)都是业主群体共有;有的国家是按结构划分,建筑物的结构都是业主群体共有,装修可以是业主私有(设备在后面另议)。现在国内在这一问题的认识上比较混乱,有人认为建筑物中的单元门以内是业主私有部分,单元门以外是共有部分。我们认为不妥,单元以内的墙体也要抗剪切和传递上部荷载,对其他业主的单元照样起支撑作用。如果该业主装修时随便破坏墙体,造成承受动荷载或静荷载的能力下降,很容易使建筑物坍塌。可以认为,只要对建筑物整体结构起到一定作用的任何部位,都是业主群体共有部分。本书倾向于按建筑物结构划分共有和私有部分。虽然按空间划分对建筑物安全更加有利,但我国业主习惯于二次装修,按空间划分无法控制。

如果上述观点可以成立,则建筑物的共有部分具体指:屋盖、楼盖、楼板、楼梯、梁、柱、立杆、支墩、支撑、墙体、屋架、悬索、连接接点和基础等建筑实体的结构构造和承重结构。

业内习惯把物业分为建筑本体(或实体)和设施设备。以上我们分析了建筑本体,现在分析一下设施设备的共有和私有的划分方法。有人认为,以各种管线的安装方向为准,以横竖管线接点为界,铅直放置的为业主群体共有,水平放置的为业主个人私有。对于下水管线可以这样理解,但"自来水表"或"气表","横表"和"竖表"都有。对于给水管线或供气管线末端单元,如果所装计量表是竖表,又以横竖管接点为界,则该单元的计量表划入了共有部分。本书认为,应当以单元内的计量表为界,计量表以上是业主群体共有,计量表以下是业主私有。

3. 物业的私有部分

业主的个人私有部分包括业主单元以内的专用空间和装修,以及各种计量表以下的管线和业主专用设施、设备。毗连单元以结构部分为界,装修为所在单元的业主所有。

二、物业管理

物业管理是物业管理市场的商品。要想研究物业管理市场,就应对其商品有一个清晰的了解。

（一）含义

众所周知，物业管理是舶来品，但是我们对物业管理的理解和外国人所说的物业管理并不完全一样。如果我们在一些英文资料中看到"Property management"时，千万不要理解为我国现行的管理模式。因为耐心看下去的话，很快就会发现所阐述的都是住宅租赁经营过程中的管理问题。可以认为，近代物业管理模式确实始于斯。在19世纪60年代，英国的一些出租的住房环境恶劣，承租人拒交租金，出租人利益不能得到保证。当时有一位女士，制定了严格的管理制度改善了居住环境，因此提高了租金收缴率。后来这种管理方式在一些国家和地区得到推广，时称"Property management"即物业管理。现在境外的物业管理公司大多仍然承担租赁经营的业务，而且设有住宅租赁经营代理部门。我们现在所说的物业管理，实际上是多主楼宇管理和商贸楼宇管理。因此广义的物业管理应该包括，多主楼宇、商贸楼宇管理和住宅租赁经营代理。

我国的物业管理有其特定的含义，《物业管理条例》第二条规定："本条例所称物业管理，是指业主通过选聘物业管理企业，由业主和物业管理企业按照服务合同的约定，对房屋及配套的设施设备和相关的场地进行维修、养护、管理，维护相关区域内的卫生和秩序的活动。"物业管理是一种活动，更确切地说是一种以物业为标的所进行的服务活动。服务本身是一种产品，《质量管理和质量保证标准》规定："产品是活动和过程的结果"，"产品包括服务、硬件、流程性材料、软件或它们的组合"。服务作为一种产品究竟始于何时现在已经无法考证，但在生活中却无时不在进行着。有些属于自我服务、有些是亲友之间的服务，这些仅仅是产品而不是商品。产品不一定都是商品，只有进入市场进行交换才是商品。物业管理服务是经营性的服务，是一种供求双方在市场上进行交换的商品。

（二）物业管理服务内容

物业管理服务实际上包括了物业消费过程中，针对物业所进行的管理和服务两项工作。物业管理服务的内容主要包括常规服务、专项服务和特约服务。

1. 常规服务

对于异产毗连房屋的常规服务，一般是指物业管理企业向物业管理区域内的全体业主，所提供的最基本的公共性管理和服务。服务的目的主要是对业主群体共有财产和公共秩序的管理和维护。对于单一业主物业管理的常规服务，是对产权人所拥有的物业和秩序的管理和维护。常规服务通常需要写入物业服务合同之内，具体内容包括：

（1）建筑物共有部位的管理和服务

1）建筑物的查勘鉴定；

2）制定维修方案；

3）编制维修预算和专项维修资金使用计划；

4）组织维修、养护；

5）建筑物档案资料管理。

（2）共有设施设备的管理和服务

1）保证设施设备正常运行；

2）办理设施设备使用许可证；

3）不同级别的定期保养、检查和维修；

4）设施设备档案资料的管理；

5) 制定维修方案；
6) 编制维修预算和专项维修资金使用计划。
(3) 物业管理区域内的环境管理
1) 共有部位的保洁；
2) 共有部位消毒；
3) 共有设施、设备的保洁；
4) 垃圾清运；
5) 花草树木和绿地的浇灌、施肥、补苗和养护。
(4) 公共秩序的维护和管理
1) 指挥车辆行驶，维护物业管理区域内的交通秩序；
2) 引导车辆停放，保证道路畅通；
3) 协助公安人员宣传安全防范和消防常识；
4) 发现治安和消防隐患及时报告有关部门；
5) 遇到治安问题和火灾立即报警并保护事故现场；
6) 装修管理。

2. 专项服务

专项服务的内容包括了上面所罗列的各项服务中的任何一项服务，以及尚未包括进去的与业主使用物业有关的各种服务。专项服务的含义业内有两种不同的理解，其一是《物业管理条例》所提到的"专项服务"转托；其二是物业管理企业日常操作中经常涉及到的"专项服务"设定。

(1) "专项服务"转托

专项服务转托所涉及的服务大多是常规服务范围之内的项目。物业管理的常规服务有很多项，承接委托的物业管理企业需要权衡利弊，决定是否全部由自己直接管理。利弊分析时，主要考虑人力资源、物业管理服务中的设备和服务成本的大小等各种因素。如果自己管理不如转托出去更有利，物业管理企业有可能委托专业性服务机构提供专项服务。国家的现行法规也允许转托行为的存在。《物业管理条例》第四十条规定："物业管理企业可以将物业管理区域内的专项服务业务委托给专业性服务企业，但不得将该区域内的全部物业管理一并委托给他人。"值得注意的是，虽然物业管理企业可以将某些专项服务转托出去，但不允许将物业管理区域内的全部管理和服务工作整体转托出去。如果整体转托就意味着合同转让，其实质是在"炒"物业管理项目，从中渔利。物业管理项目整体转托无疑是在损害业主的利益，必须严格禁止。另外，《合同法》第四百条规定："受托人应当亲自处理委托事务。经委托人同意，受托人可以转委托。转委托经同意的，委托人可以就委托事务直接指示转委托的第三人，受托人仅就第三人的选任及其对第三人的指示承担责任。转托未经同意的，受托人应当对转托的第三人的行为承担责任，但在紧急情况下受托人为维护委托人利益需要转移委托的除外"。据此，物业管理企业在转托某项服务之前应当报请业主大会同意，如果业主大会同意，则只对选任环节和布置任务负责，否则要对转托的第三人的所有行为负责。

转托专项服务的内容国家并无限制，常规服务中的任何一项都可以作为专项服务。但通常的做法是将某一大类服务作为专项服务，如：园林绿化、保安以及电梯维修等。

（2）"专项服务"设定

物业管理企业承接了某物业管理区域后，为了满足某些业主潜在需求而设定一些服务内容。这些服务内容是根据广泛调查而确定的，大多是在常规服务范围之外，如：接送学龄儿童上下学、组织"小饭桌"及房地产的中介服务等。设定某些"专项服务"必须深入调查，对于该项服务要有相对稳定的潜在需求者，否则经济效益无法保证。

这两种专项服务的区别就在于，前者服务对象是全体业主，服务内容已经列入物业服务合同之中，是在常规服务范围之内的；后者服务对象是部分业主，服务内容未被列入物业服务合同之中，是在常规服务范围之外的。

3. 特约服务

特约服务是为了满足个别业主的需求而提出的服务。其内容在物业服务合同中和设定的专项服务中均未涉及，有些服务可能已经属于家政服务的范畴，而在使用物业的过程中又确有需求。特约服务的需求一般比较零星，很难形成一定规模。其区别在于，特约服务是服务于个别业主，并针对需求方委托的事务和具体的要求所进行的服务；物业管理企业所设定的专项服务是针对业主中的部分群体，服务内容是供给方预先设定的。

（三）物业管理服务的分类

国外的物业管理大多按管理标的物的用途分类，主要分为商贸楼宇管理和住宅管理两大类，住宅管理又可分为住宅租赁经营和多主楼宇管理。这里所说的商贸楼也不是通常认为的商品交换的楼宇，而是包括了写字楼、商店、工业楼宇以及一些康乐设施等。实际上把除住宅以外的所有房屋都归为商贸楼宇。许多国家的物业管理公司的业务范围界定得十分清楚，因此物业管理公司也分为两类。负责商贸楼宇物业管理的公司绝不接管住宅，负责住宅物业管理的公司也不接管商贸楼。不交错管理并不是国家不允许，而是因为技术含量不同使企业不愿意分散精力。我国物业管理行业恰恰相反，大的物业管理公司都是多种类型混合管理。一些行政管理规定中，也倡导多种物业归由一个公司管理，如：《物业管理企业资质管理办法》中规定：一级企业必须"管理两种类型以上的企业"。

我国的物业管理虽然也偶有租赁经营代理的业务，但并没有形成一定规模。从行政管理的界限上看，租赁经营属于房地产市场部门管辖，和物业管理不是一个主管部门。因此，物业租赁经营代理业务目前还不属于物业管理范畴之内。但是对于某些物业的物业管理，租赁经营代理是无法避免的，如商厦、写字楼和标准厂房等。随着市场经济的发展，物业经营代理业务会越来越多地夹杂在物业管理之中。如何处理好相互之间的关系，实现双赢，是一个值得探讨的重要问题。

（四）物业管理在诸多服务中的类别归属

物业管理属于一种服务，服务有若干种类型，物业管理中不同的服务内容又分属于不同的服务类型。为了后面表述方便，在这里先把物业管理各种服务的归类分析清楚。

1. 服务的分类

服务活动有多种类型，其分类方法观点各异，且无定论。但任何一种分类方法都不是尽善尽美的，不能满足交集为零的科学分类原则。按服务活动作用的对象分类：

（1）直接作用于人体

作用在人体的服务是指服务行为直接触及消费者的身体，如：医疗、美容、按摩和理发等。物业管理中的常规服务很少直接作用于人体，但特约服务中有些内容与此雷同，如协助就医即此。

(2) 直接作用于物体

作用在物体上的服务是指服务行为直接触及消费者所拥有的物体,如保管、维修和清洁等。物业管理中的常规服务大多属于这种类型。但其中的保管服务属于物业管理中的特约服务。

我们认为服务可以按照服务活动直接作用的对象划分,分为作用在"人体"的服务和作用在"物体"的服务。如前所述,物业管理是"对房屋及配套的设施设备和相关的场地进行维修、养护、管理,维护相关区域内的卫生和秩序的活动"。很显然,物业管理属于直接作用于物体上的服务。《质量管理和质量保证标准》规定:服务是"为满足顾客需要,供方和顾客之间接触活动以及内部活动所产生的结果"。照此服务也可以按照供求双方接触频度划分,分为低度接触服务、中度接触服务和高度接触服务。物业管理中的常规服务,主要针对物业本身所进行的服务属于中度接触性服务。物业管理中的一些特约服务和管理行为,供求双方接触频度较大属于高度接触服务。但有些特约服务是物业管理的延伸,严格地讲应属于家政服务范畴。至于物业管理中是否应该有管理行为,现在还是一个争议中的问题,我们将在后面的有关章节中阐述。

2. 物业管理服务所属类别

物业管理服务中的常规服务活动属于一种中度接触直接作用在物体上的服务;特约服务属于高度接触直接作用在人体或物体上的服务。

三、前期物业管理

(一) 含义

前期物业管理与通常所说的物业管理,在管理和服务内容上没有什么本质区别,其仅比通常的物业管理增加了一些前期铺垫工作。两者根本的区别是物业服务合同双方是业主委员会和物业管理企业,而前期物业管理合同双方是房地产开发企业和物业管理企业。前期物业管理是指业主大会的执行机构——业主委员会,与物业管理企业所签合同生效前的物业管理服务。

《前期物业管理服务协议》(示范文本)通知中规定了协议的有效期始于售房之日。但在《前期物业管理服务协议》签订之前要做许多与物业管理有关的工作。现在国家并没有规定前期物业管理起始时点。如果我们把时点定在房屋销售时,则还须定义一个时段把售房前物业管理有关工作包括进去。因此本书把前期物业管理起始时点,确定在房地产开发商售房前。按照国家的有关规定:"房地产开发企业在出售住宅小区房屋前,应当选聘物业管理公司承担住宅小区的管理,并与其签订物业管理合同。"(《城市新建住宅小区管理办法》第五条),此时就应该选聘物业管理企业,为物业管理创造条件。真正的物业管理服务活动虽然尚未开始,但已进入了前期物业管理阶段。

在业主开始入伙以后,要选择适当时机召开首次业主大会。首次召开业主大会的时机国家并未统一规定,各地自行决定。

(二) 前期物业管理内容

前期物业管理可以延续到业主委员会与物业管理企业所签订的合同生效时。此时物业管理服务活动的正常运行已经开始了一段时间。这里所说前期物业管理服务内容,不包括物业管理服务活动的正常运行的主要内容,只谈为物业管理服务铺垫所做的主要工作。

1. 招聘物业管理企业；
2. 拟订管理模式和管理制度；
3. 起草相关文件；
4. 建立供求联络渠道；
5. 建立服务系统；
6. 物业管理区域移交；
7. 业主入伙；
8. 装修管理；
9. 物业管理服务正常运行。

（三）为什么要有前期物业管理阶段

1. 客观需要

（1）工作性质本身的异同

一个物业管理项目的启动阶段和常规管理有很多不同之处。常规管理大多数是重复性工作，而前期的启动阶段很多都是一次性工作。

启动阶段工作技术含量高，如：接管验收就需要对建筑结构、建筑设备和装修非常熟悉，而且还应该了解施工工艺过程和检查验收标准。

（2）准备工作的必要性

施工告竣并不意味物业可以投入使用，一般要进行拓荒整理，设施、设备还要试运行，确认没有任何问题以后才能进入正常使用阶段。而且有关合同、公约和规章制度必须在业主入伙前事先拟订，潜在的业主在购买房屋时就应充分了解并书面确认。这些工作都需要前期物业管理做必要的准备。

2. 行业管理的需要

有些项目房地产开发商只顾售房赚钱不顾后期管理，将商品房售罄后逃之夭夭，给行业管理带来很多麻烦。强制房地产建设单位前期招标，控制了不选物业管理企业所留后遗症。

3. 保护业主合法权益

如果没有前期物业管理，物业管理企业与业主同时进驻。先期入伙业主不可能得到所必须的服务，利益得不到有效的保证。前期物业管理可以保证业主的合法权益。

四、公共物品理论与物业管理

物品（包括财产和服务）可以分为公共物品、准公共物品和私有物品。这三种物品的区别，主要视其在使用和消费过程中有无排他性。

1. 公共物品

公共物品不是为某些人生产的，也无法决定谁能得到它。它的特点是该物品生产出来以后全社会都可享用，生产者无法排斥那些未付费的人。其所有权属于全社会所有，应由国家或政府的某些部门提供。生产这些产品或服务的成本由财政列支，当然源于纳税人的税赋。但是非纳税人照样可以享用。公共物品主要有国防、社会治安、市政基础设施以及对其维护的服务等。

2. 准公共物品

准公共物品也叫俱乐部物品，是由某范围内的成员按一定的规则集资购买，全体成员共同享用。准公共物品的特点是不排除范围之内的成员，只排除这个范围之外的所有社会成员。其所有权属于该范围内全体成员共同拥有,应在市场上购买或有偿委托供给者提供。生产准公共物品的成本,由该范围内全体成员支付。在物业管理活动中,准公共物品主要有综合性常规服务、物业管理区域内的共有设施和异产毗连房屋的共有部位等。

  3. 私有物品

  私有物品是只为某付款人生产的物品。私有物品特点是具有排他性,其所有权属于私人拥有。私有物品可在市场上购买或有偿委托供给者提供,需求者支付私有物品的价格。只有付款取得所有权的人才有权占有、使用、收益和处置该物品,其他人只能在所有人同意的前提下才可使用该物品。在物业管理活动中,物业的私有部分属于私有物品,物业管理中的特约服务也属于私有物品。

  公共物品理论可以较为恰当地解释物业管理的有关问题。在物业管理市场上交换的常规服务商品,就是准公共物品;物业管理区域就是无法排他的范围;物业管理区域内的业主就是"俱乐部"成员;物业管理费就是该范围内准公共物品生产成本。

  五、市场

  市场的内涵有狭义和广义之别。狭义的市场是指商品交换的场所,也就是说可以满足供求双方进行商品交换的物质空间。广义的市场并不是指它的物质形态,不是指某类商品经常进行交换的固定的空间,而是交换关系的总和。市场是一整套保证商品交换活动顺利进行、运行机制合理的社会经济制度。市场实际上是组织化和制度化的交换。

  市场的内容包括市场主体、市场客体和交换环境。市场主体主要是指商品交换的行为人(包括自然人和法人),包括供给主体、需求主体和协调主体。市场客体是指市场上交换的商品,其中包括有形的商品和服务。市场环境指的不是市场运行的硬件环境,而是指保证生产正常运行的法律、法规、政策、制度以及市场的组织和管理方法。

  六、物业管理市场

  物业管理市场应该从广义的角度去理解,没有固定的物质空间只是一种交换关系的总和。现在理解市场一般都站在"卖方"立场上,研究"买方市场"的客观规律。因此如果给物业管理市场下一个定义,那么物业管理市场应该是:在一定的时间内、一定的区域范围内、一定的条件下对于物业管理服务所具有的潜在购买欲望和购买力的消费主体的集合。物业管理市场应该是物业管理服务商品组织化和制度化的交换。

  物业管理市场的主体主要有:物业管理企业、专项服务企业、政府主管部门、业主及其自治组织等。物业管理市场的客体是指物业管理服务。

复习思考题

1. 房地产开发与物业管理合一有何弊病?
2. 什么是物业管理市场?

第二章 物业管理的特征

要想把握物业管理市场的运行规律,就要对其商品本身的特性进行研究。物业管理这一商品与一般物质商品有所不同。首先它是一种服务活动,应该符合服务商品的某些特性。但由于这一商品的产生受其载体——物业的限制,因此其特性又与管理和服务的标的物有着密切的关系。

第一节 物业管理服务活动的特性

一、无形性

物业管理服务过程是可以感知的,我们能够看到服务人员操作的具体动作。但这并不是物业管理市场上所购买的商品本身,因为我们并非欣赏形体表演,而是要购买这种活动所产生的结果。物业管理这种商品应该是物业管理服务"活动和过程的结果"。物业完好等级的提高是结果,物业管理区域内秩序井然是结果,业主的生活和工作的环境良好也是结果。这些结果可以通过物业反映出来,所反映的是服务使物业改善程度的差值。虽然物业是有形的,但它是物业市场的商品而不是物业管理市场的商品。物业在物业管理市场上,只是供需双方的介质和反映物业管理服务质量的介质。物业管理服务本身是无形的,无法找到它的物质形体。

二、易逝性

物业是一种耐用消费品,可以长时间地保存。而物业管理服务一闪即逝无法存储,物业管理服务具有易逝性。物业管理服务活动结果虽然可以显现在物业管理区域内,但也不能储存起来。良好的秩序不能储存,整洁的环境也不能长时间保存。房屋的完好程度虽然从表面上可以相对保存时间较长一些,但微观的分析实际上也是无时不在动态变化的。

三、多样性

物业本身就有异质性,针对行色各异的物业所进行的服务,也具有多样性。世界上没有完全相同的两个物业管理服务项目,也没有完全相同的两个物业管理服务产品。物业管理服务的生产过程不可能完全一致,产品的"质"和"量"也不会完全一致。因此物业管理具有多样性。

四、生产、交换与消费的同一性

（一）时间的同一性

物业管理是为了维护物业及其整体环境的良好。在物业服务合同期间内,要求供给方连续不断地生产以达到上述目的。同时,要求需求方连续不断地支付费用并消费供给方所提供的产品。随着这种服务产品的产生,需求者随即进行消费。物业管理服务的生产、交换和消费在同一时间段进行。

（二）空间的同一性

普通商品的生产在生产基地进行,然后转移到另一个空间进行消费。物业管理供给方用需求方支付的服务费,生产物业管理服务产品,生产出来就地消费。物业管理的生产、交换和消费,同样都在物业管理区域内进行,没有运输环节。

五、互动性

物业管理空间的同一性使供给方和需求方高度的接触。有些服务产品的提供,需要消费者配合、协作并参与生产过程与生产者共同完成。这种参与有时是远距离的,有时则是面对面的,形成供给与需求的互动。物业管理服务应该是近距离的,供求之间的最远距离不会超过物业管理区域边界间距。物业管理服务中有些服务项目是高度接触的,有时是面对面的甚至还需要需求方的参与,因此物业管理具有互动性。

第二节 管理模式的特点

一、专业化

社会进步是生产力发展的结果,生产力发展的重要体现是技术进步。房屋建造借助于科学技术发展的成果,使工艺上、结构上和设备管理上的技术含量不断提高,如:二次供水、垂直运输、智能设备管理、能源控制和紧急疏散等。技术进步必然导致专业化分工加剧,进一步产生了职能分工。物业管理是大生产专业化分工的必然结果,是现代社会的产物。为了对需求者负责,保证服务质量,国家对从事物业管理工作的企业和人员都要严格管理。《物业管理条例》规定:"国家对从事物业管理活动的企业实行资质管理制度。具体办法由国务院建设行政主管部门制定"(《物业管理条例》第三十二条)。

国家建设部把物业管理企业分为一级、二级、三级、等三个等级,对不同等级的资质条件、接管物业的范围和规模都作了详细的规定。

"从事物业管理的人员应当按照国家有关规定,取得职业资格证书"(《物业管理条例》第三十三条)。

这里所说的职业资格分为执业资格和从业资格。执业资格应由人事部和建设部共同管理,目前我国物业管理执业资格的认定尚未开展。从业资格主要是指岗位资格,由建设部人事教育司和房地产司共同管理。我国在1996年就下发了《物业管理企业经理、部门经理、管理员岗位培训持证上岗实施办法》,1998年开始进行岗位培训,现在已有几十万物业管理从业人员取得岗位资格证书。

二、企业化

按照传统的管理模式,房地产进入消费领域以后,应由国家委托的行政事业单位进行福利型的管理。按照物业管理模式,房地产的消费阶段应由企业进行管理。国家《物业管理条例》规定,"从事物业管理活动的企业应当具有独立的法人资格"(第三十三条)。这句话有两层意思,其一是说物业管理的管理者必须是企业,行政事业单位不应当从事物业管理工作。其二是管理者不是其他企业的附庸应该是独立的法人。现在有些政府机关的管理者称为"物业管理中心",其实是原来的后勤行政部门,仍然是行政事业单位而不是企业。这种管理模式并不是真正的物业管理,既不符合国家的要求也不利于整个物业管理行业的发展。

国家强调管理者是独立的法人,是为了使建管分离促进物业管理市场发展。另外也要求物业管理市场的供给者在接受物业管理委托后,必须有独立承担民事责任的能力。

三、社会化

前面我们说过,管理权源于所有权。因此对于多主楼宇过去都是由产权单位或产权人多头管理。物业管理模式是将管理任务交由社会上的专业化的物业管理企业去管理。管理机构既不是房地产开发商也不是小业主,与管理标的物的所有权没有任何关系,实现了所有权、使用权和管理权的分离。另一方面,物业管理工作也需要全社会的协作。新出台的《物业管理条例》对业主委员会如何与社区管理的居民委员会配合,做出了明确规定。"在物业管理区域内,业主大会、业主委员会应当积极配合相关居民委员会依法履行自治管理职责,支持居民委员会开展工作,并接受其指导和监督。

住宅小区的业主大会、业主委员会作出的决定,应当告知相关的居民委员会,并认真听取居民委员会的建议。"

四、经营型

物业的经营权应该属于业主而不是物业管理企业,物业管理企业只能接受业主委托代为经营。不过我们现在所说的经营是指对物业管理服务的经营而不是对物业的经营。传统的管理模式是靠财政拨款支付物业消费过程的管理成本,物业管理模式是靠商品营销收回的资金支付管理成本。物业管理企业在市场上推销自己的产品,获得维持再生产的资金和企业应得的经济效益(佣金或利润)。

复习思考题

1. 物业管理服务活动的特性是什么?
2. 物业管理模式有何特点?
3. 为什么物业管理市场上的商品是无形的?

第三章 物业管理市场的特征

第一节 没有"物流"只有"人流"

一、物业管理服务不是物

普通商品市场肯定会有商品流通,商品的供给者把在生产基地生产的产品带到市场上进行交换。作为某类商品的这些物品,在交换时也肯定会发生空间位移,形成物体本身的流动。但在物业管理市场上商品的本身不是"物",商品的流通不能体现"物"的流动。供给者并不是把生产好的商品送到市场上交给需求者,而是供给者到需求者的消费空间生产这种商品。因此物业管理市场上是供给者的"人"在流动,而不是商品的"物"在流动。

二、服务产品的载体没有位移

物业管理服务的载体和反映物业管理服务质量的介质——物业,属于不动产,本身不能随便移动。物业管理服务的载体既是商品的生产场地,又是流通的市场,还是消费空间。商品的供给者根据与需求者达成的协议,在需求者指定的空间完成生产任务,立即提供给需求者直接消费。供给主体的服务人员,要按照合同约定的时间和路线进行生产劳动。既然载体本身不能随便移动,附着其上的商品也就不能移动。当供给主体变更时,新旧物业管理企业的服务人员要"交换场地"。这样物业管理市场上商品交换时,经常会有人体的空间位移形成"人流"。

三、服务活动随供给者移动

物业管理市场与其他服务市场也有所不同。绝大多数服务市场人体流动都是需求方,需求者到供给者提供的场地上接受服务进行消费,如:教育、医疗以及观看各种表演等。物业管理市场上,物业管理企业将服务送到物业管理区域,需求方是不动的,人体流动是供给方。

第二节 供求关系确定方式特殊

在普通商品市场上,供求关系是在货币和商品交换的一瞬间随即确定。在购买"服务"商品时,一般是先付款而后再享受服务,供求关系同时被确定下来。但在物业管理市场上,供求关系必须通过特殊的方式确定。常见的方式有:

一、公开招标

公开招标是需求方向全社会符合条件的物业管理企业发出邀请,通过一系列复杂的运行程序选出符合需求方需要的供给方,通过签订合同确定供求关系。

二、邀请招标

邀请招标是需求方向一定范围符合条件的物业管理企业同时发出邀请,通过该范围内供给者之间的竞争最后确定物业管理服务的供求关系。

三、议标

议标一般需求方不主动发放招标信息，而是供给方在市场上随时收集潜在需求者的信息。当得知某物业管理项目有可能需要物业管理服务时及时上门争取。需求方随时接待随时商议，通过比较如果觉得某企业比较适宜便将供求关系用合同确定下来。

四、非市场行为交换

物业管理的起步阶段，大多数物业管理项目都没有进入市场而是由房地产开发商直接交给了自己派生的物业管理部门。这种私相授受的方式属于一种非市场行为。需求方实际掌权人利用选择供给方的方便，随意与一些有特殊关系的企业签订合同确定供求关系。但物业管理的实际需求方一般不是一个业主，某个业主将物业管理工作私下授予某个供给者显失公正。

公开招标和邀请招标都是在同一时间内，各企业展开公平竞争，通过优胜劣汰确定供求关系，所不同的只是投标人的范围和入围的方式。议标是在不同时间内，也是通过权衡利弊而确定供求关系。只有私相授受是一种私下交易，容易损害业主合法权益，是国家所不允许的。但在物业管理起步阶段，这种模式所占比例很大。随着物业管理市场逐渐规范，私相授受的会越来越少。

第三节 国 家 干 预

普通商品市场上，需求与供给是靠市场自身规律进行调节。对于垄断经营的行业和比较特殊的商品市场，国家要进行必要的干预，但通常只是控制供给一方。而在物业管理市场上，国家对供求双方都要进行必要的干预。国家甚至通过立法，拉动某些类物业的物业管理需求增长。

一、对需求的干预

多元化产权结构的产生，为房地产消费过程的管理出了一个很大的难题。很多房屋因为失于管理而严重损坏，无法达到设计使用年限，只能提前"退役"。房地产资源本来就十分缺乏，如果不能很好养护而减少使用时间是对人类资源的浪费，对个人、国家和社会都是无法弥补的损失。物业管理是经多年探索，被业内肯定的惟一可行的管理模式。许多消费者目前能够感觉到物业管理的好处，但并没有意识到物业失于管理的危害性和严重性，国家只好一面宣传一面通过国家机器迫使某些类物业的消费者接受物业管理。建设部颁布的《城市新建住宅小区管理办法》规定："房地产开发企业在出售住宅小区房屋前，应当选聘物业管理公司承担住宅小区的管理，并与其签订物业管理合同"（第五条）。国务院颁布的《物业管理条例》规定："住宅物业的建设单位，应当通过招投标的方式选聘具有相应资质的物业管理企业"（第二十四条）。全国各地的地方法规有更具体的规定，通常是如果房地产开发企业不选好物业管理企业，就不允许销售商品房。国家这样做的目的不是为物业管理企业兜揽生意，主要是为了维护业主的长期利益。但在客观上却起到拉动甚或是强迫需求的作用，使市场上住宅物业的管理需求具有永久性和连续性。这是在其他各类商品市场上极难见到的情况，是研究物业管理市场必须注意到的特性。

二、对供求关系确定方式的干预

一般商品交换是市场主体为达到各自目的的自发行为,其供求关系随着交换行为的发生自然形成。而物业管理服务,国家对某类达到一定规模的物业,供求关系确定方式有硬性的规定。国家的《物业管理条例》要求,住宅规模较大的项目,应当通过招投标的方式确定物业管理服务的供求关系。而且国家还要干预供求关系确定的过程。

三、对价格的干预

按照我国《价格法》第三条的规定:"国家实行并完善宏观经济调控下的价格机制,价格的制定应符合价值规律,大部分商品和服务的价格实行市场调节价,极少数商品和服务价格实行政府指导价或者政府定价。"在普通商品市场上,商品的价格都是由经营者自主制定,通过市场机制而形成。但对于关系群众切身利益的公用事业价格、公益性服务价格、自然垄断经营的商品价格,国家必须要进行干预。物业管理关系到群众的切身利益,国家应该对其价格活动实行管理、监督和必要的调控。

国家的《物业管理条例》出台后,国家发展和改革委员会与建设部又颁布了《物业服务费管理办法》。该办法规定了物业管理收费的原则、办法和服务成本构成等。全国各地的一些地方法规对物业管理收费管理得更细,有的按照服务质量确定了收费标准、有的规定了收费上限。在其他商品市场上,国家很少对商品和服务的价格干预到如此深度。

第四节 供求主体特殊

普通商品市场,供给和需求主体没有特殊的要求,既可以是自然人也可以是法人。而物业管理市场上,由于管理的标的物的权属关系比较复杂,使供求主体也与普通商品市场有所不同。

一、需求主体

对于物业管理市场的需求主体,国家的法律法规并无硬性规定。与普通商品市场相比所不同的是,其需求者视物业的产权结构而定。单一产权物业的物业管理,需求方与普通市场相同,可以是自然人也可以是法人。但异产毗连房屋物业管理的常规服务,是全体业主的共有物品。在一个物业管理区域内,可能会有成千上万个业主。按照《物业管理条例》的规定:"物业管理区域应当考虑物业的共用设施设备、建筑物的规模、社区建设等因素。具体办法由省、自治区、直辖市制定。"现在全国各地所制定的物业管理区域划分的标准不尽相同,住宅小区的规模相差悬殊。有的小区仅有一万平方米,有的小区多达几百万平方米。在一个物业管理区域内的业主,可能是自然人也可能是法人。因此,需求方往往不是某一个自然人或某一个法人,而是自然人群体、法人群体或自然人和法人群体。而且这个群体非常庞大,有时可达几百个、几千个甚至几万个。如此众多的民事主体成为一件商品的共同需求者,在各类商品市场中是绝无仅有的。为此,物业管理市场在操作中也是十分困难的,必须有特殊的手段和方法。按照《物业管理条例》的规定,可以组成业主大会代表业主群体成为市场的需求方。但这个需求方并不是民事主体,只能起到汇集群体意见的作用。

二、供给主体

由于需求主体结构复杂,物业管理市场运行秩序对全社会的影响较大。因此在物业管理市场上,国家对提供服务的供给主体有严格的、特殊的要求。

《物业管理条例》规定:"从事物业管理活动的企业应当具有独立的法人资格。国家对从事物业管理活动的企业实行资质管理制度。具体办法由国务院建设行政主管部门制定"(第三十二条)。我国不允许以自然人的名义接管物业,主要是怕自然人无力承担违约责任,损害需求方的利益。即使是独立的企业法人,国家也不允许随意接管物业。国务院建设行政主管部门制定的《物业管理企业资质管理办法》中明确规定了,不同注册资金、不同资质等级的物业管理企业所能承接物业的规模。这些规定主要考虑的是企业的专业技术力量和允许承担的有限责任能力,是否与所能管理物业的规模相匹配。

第五节 各主要环节的时间顺序错位

按照一般规律,商品应该先经过生产阶段,然后进入流通阶段进行交换。在市场中经过瞬间的交换活动确定了交换关系,市场阶段随即结束,然后在消费阶段需求方进行消费。物业管理市场上,生产、交换、消费以及供求关系的确定等各个环节的时间顺序与普通商品市场完全不同。

一、超前确定供求关系

商品房的销售包括现房销售和商品房预售,现在大多数开发商为了急于得到回报而采取预售的办法。按照前面所说的有关规定:"房地产开发企业在出售住宅小区房屋前,应当选聘物业管理公司承担住宅小区的管理,并与其签订物业管理合同"。也就是说,如果房地产开发企业没有通过物业管理市场进行招投标,选聘到物业管理企业并签署了合同,是不允许商品房上市销售的。于是在物业管理市场上,通常是先通过招投标寻找符合需求方要求的供给方,用合同的形式将供求关系确定下来。此时,不但物业管理的商品生产尚未开始,就连管理标的物的生产也都没有结束。物业建造好以后,还要经过竣工验收和接管验收,经检验合格才允许业主入住,物业管理服务活动从此时开始。也就是说,从此以后物业管理市场上商品的交换和消费才开始进行。通常从商品房预售到房地产竣工需要很长时间,一年、两年甚至更长。从招投标确定物业管理供求关系,到真正交换行为进行需要这么久的时间,在普通商品市场上是很少见到的。

二、商品质量展示后置

普通商品市场上,供给方都要把拟出售的商品展示在需求方的面前。需求者也是根据所能见到的商品的质量优劣,支付适宜的价格。如前所述,物业管理市场是在招投标时确定交换关系,此时要商讨商品质量和应支付的价格,并写入物业管理服务合同。由于供求关系确定时商品的生产并未开始,需求方无法看到商品的质量,只能按照供给方的业绩揣测质量的好坏。另外看不到商品,商品的"价质比"无法确定。需求方所能支付的商品价格,只能根据国家的价格政策、支付能力、支付意愿和对质量的预测确定。需求方真正能够看见商品,是在支付价格确定以后的很长时间。这需要在商洽合同时,就质量检查和量化方法以及费用缴交保证措施等问题认真讨论,在合同中详细约定。

三、生产与消费归一

普通商品市场的运行是先生产、后交换、再消费。服务也是一种商品,却是生产和消费同时进行。物业管理是诸多商品中的一种,而物业管理则是按照合同约定的时间段,边生产、边交换、边消费,交错进行直到合同期满。

四、交换时间拉长

一般商品的交换只需一瞬间即可完成,而物业管理的交换需要很长时间。物业管理的生产、交换和消费行为是在供求关系确定下来之后,而且贯穿在合同期内。合同期满,如果供求双方比较满意,可以不经过招投标直接签署合同再次确定合同关系。如果有一方不满意不愿续签合同,可以重新招标,按照前面所说程序再循环一次。如此周而复始循环不已,直到物业耐用年限终了。因此,在物业的消费过程中,物业管理服务的交换是在不断地进行着。

第六节 受载体的牵制

一、在供求关系方面

物业是沟通供求关系的介质,也是物业管理服务活动空间,物业管理服务商品的生产、交换和消费都是在这个空间进行。研究市场主要应该研究其供求变化的规律。物业管理市场比较特殊,它的变化与其载体市场的变化有密不可分的关系。近年来,之所以物业管理需求快速增长,物业管理行业发展迅速,是与物业市场供给量陡增有关。物业市场供给量增加得越多,物业管理市场需求量也越大。物业管理载体市场供给与物业管理市场需求成正比。

二、在商品的质量和成本关系上

高档物业的业主支付能力较强,物业管理的收费标准和收缴率都比较高。由于高档物业的"硬件"较好,相对来说比较容易提高服务的质量,至少能让业主感官舒服。但实际上服务成本,并不是和服务效果成比例递增。而且往往在所能感觉到的效果相同时,硬件较好的物业服务成本反而较低,如:"硬化"较好的地面,在清洁频度相同时保洁更容易,更节约成本;具备安全监控系统的物业,保安人员可以适当减少,节约了服务成本,而安全监控系统的设备投资和更新改造的费用,一般不在服务成本之内。

三、服务特点方面

我们前面所说的物业管理市场的许多特征,都是由于其载体的特殊而形成的。如物业管理市场上只有"人流"没有"物流",就是由于载体本身不能流动,所以附着于载体之上的服务也不能流动。

第七节 不同市场的比较

一、不同市场的供求关系比较

(一)普通商品市场

普通商品市场上,某宗商品没有特定的供给者和特定的需求者。任意一宗商品可以由不同的生产者提供,在市场上也可以有不同的需求者随意购买。普通商品市场上没有任何限定,可以有众多的供给者和需求者,如图3-1所示。

(二)物业市场

物业市场是不动产市场,由于不动产不可移动而且具有惟一性,所以市场上的某一商品的供给者也是惟一的。也就是

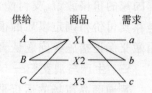

图3-1 普通商品市场供求关系示意图

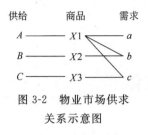

图 3-2 物业市场供求关系示意图

说,市场上出售的某宗物业不会有相同的第二个,即使完全用一份图纸建造,也会因位置的不同而产生差异,所以是惟一的。另外,对于某宗物业所对应的产权人也是惟一的。对于各种财产只有产权人拥有处置权,市场上的供给者只能是产权人,因此供给者也是惟一的。

对于某一宗物业,市场上拟购买的人可能有很多个。因此物业市场的需求主体众多,而供给是惟一的,如图 3-2 所示。

（三）物业管理市场

物业管理市场上,一个物业管理项目需求主体是惟一的。如果是单一产权人物业的物业管理服务,很容易理解需求主体的惟一性。如果是多主楼宇,可能会认为需求者的人数众多,需求主体也应该是多个。但众多的业主仅仅是某一宗特定物业的产权人,而不是整个项目的所有者。在物业管理市场上,是以一个项目的服务为交易的基本单位。这个项目不是哪一个业主拥有,任何一个业主都不能成为需求主体,其主体应该是物业管理项目所有业主的集合。在实际操作中,应由其自治组织作为惟一的主体,代表全体业主行使需求者的权利。在某特定的时间内,一个物业管理项目只可能有一个需求主体,但可能会有无数个供给主体,如图 3-3 所示。物业管理市场上的供求关系与物业市场上的供求关系正好相反,正是由于这种特殊性的存在,才使物业管理市场上招标投标成为必要和可能。

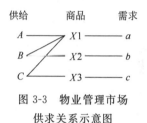

图 3-3 物业管理市场供求关系示意图

二、与其他市场运行方式的比较

前面我们曾分别阐述了物业管理市场的各种特殊性,现在列于表 3-1 进行对比。

物业管理市场的特殊性　　　　表 3-1

各类市场 比较的内容	物业管理市场	物业市场	其他商品市场
固定交易场所	无	无	有
确定交换关系的时间	交换之前	交换行为发生	交换行为发生
交换与消费的关系	边交换边消费	先交换后消费	先交换后消费

复 习 思 考 题

1. 在物业管理市场上通过什么方式确定供求关系?
2. 国家对物业管理市场上的哪些环节进行了干预?
3. 物业管理市场与物业市场有何关系?
4. 物业管理市场上消费者如何判别商品的质量?
5. 物业市场与物业管理市场的供求关系有何差异?

第四章 物业管理市场的主体

物业管理市场主体大致可以分为三类,即:供给主体、需求主体和协调主体,如图 4-1 所示。

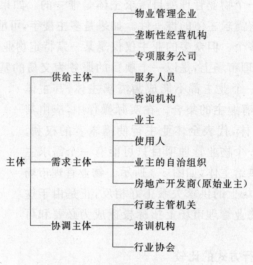

图 4-1 物业管理市场的主体

第一节 供 给 主 体

供给主体是指在物业管理市场提供物业管理服务的一方,按照国家的《物业管理条例》规定,提供物业管理服务的主体必须是独立的企业法人。目前我国物业管理市场供给主体主要有:物业管理企业、专项服务公司、垄断性经营机构和咨询机构四大类。

一、物业管理企业

(一)基本情况

这里所说的物业管理企业,是指主要从事物业管理综合性的常规服务的独立的企业法人。从目前全国各地的情况分析,这些物业管理企业主要来源有三方面,一是房地产开发企业派生出来的、二是单位房产或直管公产房管部门转制而成、三是直接注册为专业化的物业管理公司。目前全国大约 27000 多家物业管理公司,从业人员 233 万余人。

(二)业务范围

物业管理企业的业务范围国家未做出明确规定,主要靠合同约定。由于每一个项目的硬件都有所不同,每一个业主群体都有不同的要求,因此每一份合同所约定的业务范围也千差万别。按照业内惯例大致包括以下几个方面:

1. 物业管理区域内的服务

(1) 物业管理区域内常规服务;
(2) 物业管理区域内专项服务;
(3) 特约服务。
2. 物业管理区域内的公共事物管理
(1) 预防性工作
1) 消防宣传;
2) 治安防范宣传;
3) 环境保护宣传;
4) 安全隐患检查。
(2) 公共秩序维护
1) 车辆行驶秩序;
2) 车辆停放秩序;
3) 协助警察维护治安秩序。
(3) 管理
1) 装修管理;
2) 设施、设备管理;
3) 业主使用物业行为的管理。

(三) 责任

1. 违约责任

《物业管理条例》规定:"物业管理企业应当按照物业服务合同的约定,提供相应的服务。

物业管理企业未能履行物业服务合同的约定,导致业主人身、财产安全受到损害的,应当依法承担相应的法律责任"(第三十六条)。

根据上述规定,物业管理企业应严格履行物业服务合同的约定。不能履行约定或未能完全履行约定,应当承担相应法律责任。但在物业管理过程中,如何判别是否履约,怎样界定责任的大小及承担责任的方式等,都是值得研究的。

(1) 判别违约

物业管理企业违约,大多是服务质量不符合物业服务合同约定。《合同法》规定:"质量不符合约定的应当按照当事人的约定承担违约责任"(第一百一十一条)。判别是否违约的依据是合同,关键问题是合同必须详尽,质量检查可以量化。国家虽然公布了《物业管理委托合同》示范文本,但如完全照搬,则很难判别违约,也无法追究违约责任。应该在合同中附上服务质量标准和质量定量检查的方法。

(2) 承担违约责任的方式

《民法通则》规定:"公民、法人违反合同或者不履行其他义务的,应当承担民事责任"(第一百零六条)。《合同法》规定:"当事人一方不履行合同义务或者履行合同义务不符合约定条件,另一方有权要求履行或者采取补救措施,并有权要求赔偿经济损失"(第一百一十一条);"当事人可以约定一方违约时应当根据违约情况向对方支付一定数额的违约金,也可以约定因违约而产生的赔偿额的计算方法"(第一百一十四条)。据此,当物业管理企业服务质量未能达到合同约定时,一方面业主可以要求物业管理企业采取补救措施;另一方面还可以根据违约情况索要一定数额的违约金。违约金应当归合同对应的当事人所有,如果是常规服务未能满足质量要求的,违约金应当归全体业主。现在有些业主常常借口服务质量不好而拒交物业管理服务费。其实即使是服务质量有问题也应向物业管理企业索要违约金,而不是个别业主不交服务费。因为常规服务面向全体业主,服务质量不好损害的是全体业主的利益,应当赔偿全体业主的损失。某些业主以不交服务费惩罚物业管理企业,既不合理也不合法。这样做只能损害其他业主的利益,而不能对物业管理企业产生任何影响。

2. 报告责任

如前所述,物业管理企业接受了业主自治组织委托,应该有管理权。但他们不是行政主管部门,没有任何制裁手段。当违规业主不服从管理时,只能报告有关行政管理部门请其制止和处理。有关法律也规定必须及时向有关行政管理部门报告。《物业管理条例》第四十六条规定:"对物业管理区域内违反有关治安、环保、物业装饰装修和使用等方面法律、法规规定的行为,物业管理企业应当制止,并及时向有关行政管理部门报告。有关行政管理部门在接到物业管理企业的报告后,应当依法对违法行为予以制止或者依法处理。"

3. 协助做好安全防范的责任

按照我国《警察法》的规定:"人民警察的任务是维护国家安全,维护社会治安秩序,保护公民的人身安全、人身自由和合法财产,保护公共财产,预防、制止和惩治违法犯罪活动。""公安机关的人民警察按照职责分工,依法履行下列职责:(一)预防、制止和侦查违法犯罪活动;(二)维护社会治安秩序,制止危害社会治安秩序的行为……"。由此可以看出,物业管理区域内的治安秩序应由警察负责而不是物业管理企业。一旦发生治安案件和刑事案件,有些业主就追究物业管理企业的责任是没有法律依据的。但物业管理企业并不是在安全问题上无事可做,而是有协助做好物业管理区域内安全防范的责任和报告的责任。

国家《物业管理条例》第四十七条规定:"物业管理企业应当协助做好物业管理区域内的安全防范工作。发生安全事故时,物业管理企业在采取应急措施的同时,应当及时向有关行政管理部门报告,协助做好救助工作。

物业管理企业雇请保安人员的,应当遵守国家有关规定。保安人员在维护物业管理区域内的公共秩序时,应当履行职责,不得侵害公民的合法权益。"需要说明的是,如果物业管理企业没有履约,如:保安人员脱岗、未按时巡逻及岗上睡觉等,导致业主人身、财产安全受到损害的,应当依法承担相应的法律责任。这里所说的法律责任应当是违约责任,追究方法应事先在合同中约定。如果物业管理企业严格履行约定,业主的人身、财产安全仍然受到损害的,物业管理企业不承担任何责任。现在有些业主只要家庭财产被盗,就认为是物业管理企业的责任予以追究。其实财产的保管责任应该是财产的所有人,物业服务合同不包括家庭财产保管。如果个别业主有保管财产的需求,可按特约服务另外与物业管理企业签署保管合同。《合同法》规定:"寄存人应当按约定向委托人支付保管费。当事人对保管费没有约定或约定不明确,依照本办法第六十一条的规定仍不能确定的,保管是无偿的"(第三百六十六条)。"保管合同自保管物交付时起成立,但当事人另有约定的除外"(第三百六十七条)。从这两条规定可以看出,保管合同签署后还必须付保管费,而且必须将保管物交付保管人,否则不能形成保管关系。

二、专项服务机构

（一）基本情况

专项服务机构是在物业管理过程中，专门从事某项服务工作的专业性服务企业或者某些物业管理企业的分支机构。在国外物业管理服务的实际操作都是由专项服务机构来完成，而物业管理企业是业主的代理人，代替业主与专项服务机构签署合同。但我国物业管理的专业化程度不高，专项服务机构并不是很多。物业管理企业大多五脏俱全，一切实操工作都由自己完成而不假手他人。

随着物业管理行业的发展，专项服务机构越来越多。经常接触到的专项服务机构有保洁公司、保安公司和各种设备的维修公司。

（二）业务范围

专项服务机构服务的业务范围与物业管理企业的业务范围基本一致，只不过物业管理企业的服务是综合性的，而专项服务机构的服务是单项的。

（三）责任

专项服务机构的责任由物业服务合同约定。物业管理企业对业主负责，专项服务机构对物业管理企业负责。在国外有时业主自治组织可以直接选聘专项服务机构，专项服务机构可以直接对业主自治组织负责。

三、垄断性经营机构

（一）基本情况

供水、供电、供气、供热和通讯等城市基础设施的运行、维修、养护和管理都由政府直接负责。改革开放以后，原来的一些主管部门转变为企业集团，成为垄断性经营机构。

（二）业务范围

物业管理区域以内，楼宇之外的设施、设备的运行、维修和养护。

（三）主要责任

《物业管理条例》第五十二条规定："供水、供电、供气、供热、通讯、有线电视等单位，应当依法承担物业管理区域内相关管线和设施设备维修、养护的责任。

前款规定的单位因维修、养护等需要，临时占用、挖掘道路、场地的，应当及时恢复原状。"

从服务内容上看专项服务机构和垄断性经营机构都是针对某一项工作进行管理。但所不同的是，专项服务机构的管理和维修成本由业主支付，而垄断性经营机构管理和维修成本由该机构自己负责。

四、咨询机构

物业管理咨询机构也是物业管理市场的供给主体。咨询机构所做的工作主要有以下几方面：

（一）服务对象

1. 为房地产开发企业服务

房地产开发的目的是为了使需求者在消费过程中能够正常地使用物业，如何方便管理充分发挥房地产的使用功能，满足消费者和管理者期望，是房地产开发商追求的主要目标。明智的开发商并不自己研究有关物业管理的专业技术，也不设置专司此职的部门，而是在市场上寻求技术支持。一些咨询服务机构，专门为开发商对所开发的项目前期进行物业管理策划,或者监控房地产开发过程,以期发现与物业管理不适的问题并提出解决问题的方法。

2. 为业主和业主自治组织提供服务

业主和业主自治组织是物业管理市场上主要需求主体,要想在市场交换的过程中利益不受侵害,就要掌握一定的专业知识。物业管理是一项专业性很强的工作,并非一朝一夕就能学会的。最省事最能解决问题的办法是请专业的咨询机构为其出谋划策。具体的形式有:

(1) 制定监控方案

咨询机构根据国家有关法规和物业服务合同,制定便于外行操作的对物业管理企业监控方案。在内容上包括了对服务过程、服务效果、服务质量以及费用收支情况的监控。

(2) 随时解决疑难问题

咨询机构与需求方签订咨询服务合同,建立一种咨询关系。平时不派咨询机构代表驻现场,但有快速联系渠道。一旦需求方遇有问题,咨询机构立即赶到现场解决问题。

(3) 监理

有时需求方为了避免占用过多时间和精力,请一个咨询机构监理物业管理的全过程。咨询机构长期派代表驻场,代表需求方监督物业服务合同付诸实施。

3. 为物业管理公司提供服务

物业管理工作的技术含量较高,有些物业管理企业不具备很强的技术力量,其中包括技术人员和专用设备。如果物业管理企业自己把人员和设备配备齐全,可能需要很大的成本,企业负担过重。有些咨询机构拥有很强的技术力量,可以输出技术,帮助物业管理企业解决技术难题。于是,一些物业管理企业和咨询机构建立了长期技术合作关系。

(二) 业务范围

1. 制定物业管理方案

物业管理方案是物业管理中必备的管理文件。但物业管理刚刚起步时,许多物业管理企业自己没有能力制定物业管理方案,而求助于咨询机构。一些境外的咨询机构携带着现成资料,套用到国内的物业管理项目中。在实施过程中,正面影响和负面影响同时存在。现在物业管理起步较晚的地区仍有这种需求,但请境外机构代作方案的已经为数不多,即使有困难国内的咨询机构和其他物业管理企业都能帮助解决。

2. 解决技术问题

物业管理也有一些技术含量比较高的工作,仅靠本企业的力量有时无力解决,如能源控制、某些设施设备管理以及特殊清洁药液的配制等,可以咨询专业机构。

3. 法律咨询服务

物业管理所遇到的纠纷绝大多数是法律问题,必须借助法律咨询服务,详细内容将在第十三章阐述。

(三) 责任

有关咨询机构的责任国家并没有具体规定,应由甲乙双方在合同中约定。

五、企业员工

我国不允许以自然人的身份接管物业,因此自然人不能形成供给主体。员工只能是供给方一个成员,以企业的名义提供相应的服务。员工的职责由企业的内部管理制度规定。

第二节 需求主体

一、业主

（一）基本情况

"房屋的所有权人为业主。"（《物业管理条例》第六条），业主是物业管理市场最主要的需求主体。我们前面介绍过，物业有单一产权房屋和异产毗连房屋。单一产权的房屋，不管业主是自然人还是法人，都可以作为单独的需求主体与供给方建立物业服务合同关系。而异产毗连房屋的任何一个业主，除特约服务外，目前都不能单独作为需求主体与物业管理企业签订物业服务合同。因此，实际上业主能够作为需求主体在物业管理市场直接运作的，只有单一产权房屋的业主。

（二）责任

业主应当对国家的法律负责、对合同负责，具体要求是：

1. 遵守使用物业制度；
2. 按时交纳物业服务费；
3. 缴交维修资金；
4. 履行合同约定的其他义务。

二、业主自治组织

（一）基本情况

许多国家的业主自治组织是社团法人，而我国的业主自治组织不是独立的法人单位。我国的业主自治组织称为业主大会，业主委员会是其执行机构。业主大会的性质是代表和维护物业管理区域内全体业主在物业管理活动中合法权益的自治自律组织。《物业管理条例》第十条规定："同一个物业管理区域内的业主，应当在物业所在地的区、县人民政府房地产行政主管部门的指导下成立业主大会，并选举产生业主委员会。但是，只有一个业主的，或者业主人数较少且经全体业主一致同意，决定不成立业主大会的，由业主共同履行业主大会、业主委员会职责。业主在首次业主大会会议上的投票权，根据业主拥有物业的建筑面积、住宅套数等因素确定。具体办法由省、自治区、直辖市制定。"业主大会是物业管理活动中代表全体业主合法权益的群众团体和监督管理组织。所谓自治自律是指按照国家的有关法律、法规、政策规定和业主公约的约定，实施自我管理、自我约束的行为。

万事开头难，所以第一次业主大会的成立一定要在房地产行政主管部门指导下召开。首次业主大会召开应该有一定的条件。全国各地首次业主大会条件的设置并不一样，但基本上是从入住率和房地产销售时间来界定。

（二）主要职责

按照《物业管理条例》第十一条规定业主大会履行下列职责：

1. 制定、修改业主公约和业主大会议事规则；
2. 选举、更换业主委员会委员，监督业主委员会的工作；
3. 选聘、解聘物业管理企业；
4. 决定专项维修资金使用、续筹方案，并监督实施；
5. 制定、修改物业管理区域内物业共用部位和共用设施、设备的使用、公共秩序和环境卫生的维护等方面的规章制度；

6. 法律、法规或者业主大会议事规则规定的其他有关物业管理的职责。

其中"选聘、解聘物业管理企业"决定了物业管理市场的需求方地位，是业主大会的主要职责。在物业管理市场上具体操作时，通常是业主大会授权给业主委员会与物业管理企业订立、变更或解除物业管理服务合同。

业主大会和业主委员会是维护业主合法权益，保证物业正常使用的自治自律组织。该组织仅能涉及与物权相关的事宜，而不能从事与物业管理无关的活动，也不能作出与物业管理无关的决定。否则当地房地产行政主管部门将会责令改正或撤消其决定。

三、房地产开发商

（一）基本情况

物业管理主要服务于业主，业主应该是物业管理市场需求主体。之所以说房地产开发商是需求主体，是因为他们也是业主。物业业权的取得可分为继受取得和原始取得，开发商业权属于原始取得。虽然房地产开发的目的是为了销售，但不可能竣工后一次全部售出。不管房地产开发项目销售时间有多长，只要尚未售罄开发商就是业主。

虽然房地产开发商也是业主，但与一般业主相比在市场上所起的作用大不相同。一般业主既是物业市场的需求者也是物业管理市场的需求者。而房地产开发商是物业市场的供给者，是物业管理市场的需求者。国家要求物业市场的供给者，为日后的物业管理铺垫。

（二）主要义务和职责

1. 准备文件

（1）业主临时公约；

（2）前期物业服务合同。

2. 招标选聘前期物业管理服务企业

按照国家《物业管理条例》规定，前期物业管理应该由房地产开发商"通过招投标的方式选聘具有相应资质的物业管理企业"。

3. 交纳费用

按照《物业服务收费管理办法》规定，"纳入物业管理范围的已竣工但尚未出售，或者因开发建设单位原因未按时交给物业买受人的物业，物业服务费用或者物业服务资金由开发建设单位全额交纳"（第十六条）。房地产开发企业也应承担市场需求主体所应承担的义务。过去在空置房屋收费问题上，争议比较大收费困难。房地产开发商往往以房屋空置无人污染和破坏环境为由，拒绝交纳物业管理费或交一定比例的物业管理费。其实所谓物业管理主要是针对物业进行管理，有没有人居住管理照常进行。物业管理中的权利和义务都应以权属为基础，属于谁的产权谁承担义务。业内人士都知道，没人住的房屋看管和维护更困难、坏得更快，全额交纳并不过分。

4. 移交资料

资料是搞好物业管理的基础，是对物业使用、养护和维修的必备条件。国家在《房屋接管验收标准》（ZBP 30001—90）和《物业管理条例》中，对于物业在承接验收时所应移交的资料都提出了一定的要求。

（1）《房屋接管验收标准》要求移交的资料：

1）竣工图——包括总平面图、建筑、结构、设备、附属工程及隐蔽管线的全套图纸；

2）地质勘察报告；
3）工程合同及开竣工报告；
4）工程预决算；
5）工程设计变更通知及技术核定单(包括质量事故处理记录)；
6）隐蔽工程验收签证；
7）沉降观察记录；
8）竣工验收证明书；
9）钢材、水泥等主要材料的质量保证书；
10）新材料构、配件的鉴定合格书
11）水、电、采暖、卫生器具、电梯等设备的检验合格证书；
12）砂浆、混凝土试块试压报告；
13）供水、供暖的试压报告。
(2)《物业管理条例》要求移交的资料：
1）竣工总平面图,单体建筑、结构、设备竣工图,配套设施、地下管网工程竣工图等竣工验收资料；
2）设施、设备的安装、使用和维护保养技术资料；
3）物业质量保修文件和物业使用说明文件；
4）物业管理所必须的其他文件。

两个要求基本相同,只不过前者更加具体后者更加原则,操作中可以参考这两个规定根据实际情况移交资料。

5．管理用房

按照当地政府有关规定,预留管理用房并交付物业管理企业使用。

四、非业主使用人

(一)基本情况

财产的所有权包括占有、使用、收益和处置四项权能,其中的使用权是可以剥离的。物业管理市场的供给者对物业进行维修、养护、管理,使物业保值、增值。其所有权人因此而受益,成为物业管理市场的需求方。物业的保值、增值与非业主使用人无关。但维护物业管理区域内的环境卫生和秩序,可以提高非业主使用人的生活和工作质量。非业主使用人消费了供给方的服务产品,成为物业管理市场的需求主体之一。

(二)主要义务和职责

非业主使用人不是物业服务合同的任何签约一方,与物业管理服务活动的关系由业主连带形成。

1．交纳物业服务费

由于非业主使用人消费了服务商品,也应该交纳物业服务费。但非业主使用人物业服务费可以包含在租金中,而由业主负责交纳。如果租赁合同中约定由使用人交纳的,业主应当负连带责任。国家的《物业管理条例》第四十二条规定"业主应当根据物业服务合同的约定交纳物业服务费用。业主与物业使用人约定由物业使用人交纳物业服务费用的,从其约定,业主负连带交纳责任。"

2．遵守管理办法

在物业管理活动中,使用人应当遵守有关的规律办法。《城市新建住宅小区管理办法》第十二条规定:"房地产开发企业在办理售房手续时,应在买卖合同中对房地产产权人有承诺遵守小区管理办法的约定。房地产产权人与使用人分离时,应在租赁合同中对使用人有承诺遵守小区管理办法的约定。"如果使用人有违规行为,相关的业主应承担连带责任。《物业管理条例》第四十八条规定:"物业使用人在物业管理活动中的权利义务由业主和物业使用人约定,但不得违反法律、法规和业主公约的有关规定。物业使用人违反本条例和业主公约的规定,有关业主应当承担连带责任。"

第三节 协 调 主 体

物业管理市场比较特殊,运作时超前确定供求关系,需求方在不能见到商品的条件下盲选供给方。而且商品交换时,质量很难量化,供需双方争议较大。这就需要有一个处于公正地位的主体进行协调,建立良好的市场环境,促进物业管理事业发展。这些主体涉及到行业行政主管部门、市场管理部门和行业协会等。

一、行业行政主管部门

(一) 基本情况

物业管理工作刚起步时,究竟谁是行业行政主管曾经有过争议,有的行政部门也曾作过努力。但《物业管理条例》第五条规定:"国务院建设行政主管部门负责全国物业管理活动的监督管理工作。县级以上地方人民政府房地产行政主管部门负责本行政区域内物业管理活动的监督管理工作。"目前各地建制不同,所以行业行政主管部门也不尽相同。各省、自治区由建委或建设厅负责;直辖市由房地局负责。

(二) 职责

物业管理行业行政主管部门主要负责物业管理活动全过程的监督管理,其中也包括了物业管理市场的监督管理。行政主管的权力源于国家的法律、法规规定,法律、法规未作出规定的不得行使行政权。

目前国家法律、法规规定的,属于行业行政主管部门监督管理的主要内容有:

1. 通过招投标选聘物业管理企业;
2. 物业管理资料的移交;
3. 物业管理企业的资质证书管理;
4. 物业管理人员职业资格证书的管理;
5. 物业管理项目转委托的管理;
6. 专项维修资金的管理;
7. 管理用房;
8. 物业管理服务质量的管理。

二、市场管理部门

(一) 基本情况

物业管理市场虽然比较特殊,但毕竟也是市场,应该纳入市场管理的范畴之内。市场管理部门主要有工商行政管理部门、物价管理部门和税务局等。

(二) 职责

1. 物业管理企业年检；
2. 物业管理服务收费的管理；
3. 市场主体的准入。

三、行业协会

（一）基本情况

各行各业发展到一定的程度都需要约束自己的行为，树立自己的社会形象以求得生存和发展。协会是行业自律组织，由企业自己组织起来又反过来约束企业。行业协会是政府和企业的桥梁，企业通过协会向政府转达企业的愿望；政府通过协会管理企业。现在有些地区已经把企业年检、评优和资质管理都交给了协会。

（二）职责

1. 宣传与物业管理有关的法规政策；
2. 规范企业市场行为；
3. 向政府反映行业发展状况和企业的要求；
4. 组织业内交流；
5. 制定行业操作标准；
6. 接待投诉。

第四节 非市场行为主体

物业管理服务是一种商品，而这种服务的结果是要创造一个良好的整体环境。与其他各类服务所不同的是，要想实现整体环境良好，还必须有公共性服务的支持。由于这种服务是非经营性的不能参与市场交换，其提供服务的主体并不是物业管理市场供给主体。但是因为这些服务是必不可少的，而且服务的质量也直接影响着整体环境的质量，因此必须讨论清楚。如：住宅区内经常发生治安案件和刑事案件，业主惶惶不可终日，即使其他服务非常到位也不能认为这一地区整体环境良好。物业管理企业没有能力也没有权力解决社会治安问题和刑事问题。一个区域的治安问题和刑事问题，不是经营性服务所能解决的，必须依靠公安力量。

一、物业管理区域的社会治安维护主体

（一）公安机关的人民警察的职能作用

按照公共物品理论，社会治安属于公共物品。维护社会安全的服务应由社会的组织管理者提供。一个国家有很多种公共物品，国家通过法律进行社会分工，由不同的部门提供不同的公共物品，社会治安（包括物业管理区域内的治安）属于其中之一。如果某种公共物品出现疏漏，其责任应由提供该物品的部门负责。我国的法律、法规也作了相应的规定。如前面所引用的《警察法》规定："人民警察的任务是维护国家安全，维护社会治安秩序，保护公民的人身安全、人身自由和合法财产，保护公共财产，预防、制止和惩治违法犯罪活动。""公安机关的人民警察按照职责分工，依法履行下列职责：（一）预防、制止和侦查违法犯罪活动；（二）维护社会治安秩序，制止危害社会治安秩序的行为……"为了保证这种公共服务质量，法律也规定了警察一些特殊权利和允许配置的必要装备，为其创造了相应条件，使之维护社会治安秩序成为可能。《警察法》规定："公安机关的人民警察对违反治安管理或者其他公安

行政管理法律、法规的个人或者组织，依法可以实行行政强制措施、行政处罚"。"公安机关的人民警察对严重危害社会治安秩序或者威胁公共安全的人员，可以强行带离现场，依法予以拘留或者法律规定的其他措施。"同时还规定："对有违法犯罪嫌疑的人员，经出示相应证件，可以当场盘问、检查；"另外，《中华人民共和国人民警察使用警械和武器条例》规定："人民警察制止违法行为，可以采取强制手段；根据需要，可以依照本条例的规定使用警械；使用警械不能制止，或者不使用武器制止，可能发生严重后果的，可以依照规定使用武器"。"本条例所称警械，是指人民警察按照规定装备的警棍、催泪弹、高压水枪、特种防暴枪、手铐、脚镣、警绳等警用器械；所称武器，是指人民警察按照规定装备的枪支、弹药等致命性警用武器。"《中华人民共和国警察法》对警察维护社会治安所需经费的来源也作了规定："国家保证人民警察的经费。人民警察的经费，按照事权划分的原则，分别列入中央和地方的财政预算。"对于居民住宅区，2001年在建设部、公安部和民政部联合下发的《关于加强居民住宅区安全防范工作的协作配合切实保障居民居住安全的通知》指出："公安机关要充分发挥职能作用，维护居民住宅区治安秩序。各级公安机关要高度重视居民住宅区安全防范工作，把它作为日常管理、防范工作的重点来抓，加强检查和指导，对存在的薄弱环节，督促有关部门和单位消除隐患，堵塞漏洞，依法查处各种违法犯罪活动。要积极配合有关部门和单位，依托基层组织和单位，充分发动和依靠人民群众，努力维护居民住宅区治安秩序，为人民群众创造安定的生活环境。

公安派出所要在调整、完善民警责任制，逐步建立警务室的基础上，与居委会、物业管理企业等基层组织和单位建立联系协作制度，定期通报情况，分析问题，研究对策，并按照各自职责组织实施。"从援引的上述法律、法规可以得出结论：

1. 物业管理区域内的治安由公安警察负责，是公安机关的职能；
2. 维持治安的经费由财政列支，财政源于税金，业主已按正常渠道纳税，不需要业主再次花钱买安全。

（二）社区居委会促进社会治安综合治理

社区居委会不是物业管理市场供给主体，而是一个非经营性的群众自治组织。但在维护社会治安秩序的工作中起着非常重要的作用。建设部、公安部和民政部联合下发的《关于加强居民住宅区安全防范工作的协作配合切实保障居民居住安全的通知》指出："民政部门要加强社区建设，发挥居委会的作用，促进社会治安综合治理。要通过推动社区建设，进一步加强社区自治组织建设，完善社区居民自治，动员和组织广大居民参与社区治安管理，不断改进安全防范措施，与公安、房地产管理等部门通力协作，共同搞好社区安全防范工作。

社区居委会是动员和组织居民群众参与社区建设的主体，要充分发挥社区自治组织的作用，履行协助维护社会治安的职责，切实加强社区安全防范工作。要通过多种形式，开展经常性、群众性的法制教育和法制咨询、民事调解工作，主动协助政府做好刑满释放、解教人员的安置帮教工作以及流动人口的管理，积极疏导化解各种矛盾纠纷，消除各种社会不稳定因素。要完善社区治保组织，建立社区治安志愿队伍，实行群防群治，健全社区安全防范体系。"

居委会是社区治安秩序综合治理的主体，而不是物业管理市场供给主体。但居委会的工作是维护物业管理区域内整体环境良好不可缺少的组成部分。

二、道路养护维修主体

道路的维修养护成本非常高,究竟由谁负责尚无定论,全国各地规定也不完全一致。关键的问题不是谁承担养护维修的工作,而是谁应该承担维修养护的费用。概括起来有以下几种情况:

(一)政府的行政主管部门负责

国家1996年出台了《城市道路管理条例》,各地也相继制定了相应的法规。但由于当时物业管理刚刚开始,物业管理区域内的道路养护维修问题不太突出,因此没有作为一个专题明确提出。但从所包含的范围上看,已涉及了物业管理区域内的道路。

1. 道路的界定

国家条例规定:"本条例所称城市道路,是指城市供车辆、行人通行的,具备一定技术条件的道路、桥梁及其附属设施"(第二条)。

《天津市城市道路管理条例》第三条规定:"本条例所称的城市道路,是指本市市区、建制镇和独立工业区范围内的主干路、次干路、支路、街坊路等道路设施和桥梁设施。

道路设施包括:机动车道、非机动车道、人行道、里巷道路、楼间甬道、路面边缘至现有合法建筑之间的土路、广场,以及路肩、分隔带、道路两侧边沟、路名牌、吨位牌等道路附属设施。"

从国家和有些城市的地方法规上看,通常所说的道路包括了不同区域道路。物业管理区域内的道路是城市道路的组成部分,因此在管理上也应受《城市道路管理条例》的调整。

2. 养护维修的主体

国家《城市道路管理条例》规定:"第二十条 市政工程行政主管部门对其组织建设和管理的城市道路,按照城市道路的等级、数量及养护和维修的定额,逐年核定养护、维修经费,统一安排养护、维修资金。

第二十一条 承担城市道路养护、维修的单位,应当严格执行城市道路养护、维修的技术规范,定期对城市道路进行养护、维修,确保养护、维修工程的质量。"

《天津市城市道路管理条例》规定:"第十五条 市建设行政主管部门应当按照城市道路、桥梁设施的技术等级、数量和养护维修费用定额,逐年核定养护维修经费。

第十六条 城市道路行政主管部门每年应当核定一定数量的经费,用于城市道路、桥梁设施的养护维修。"

根据以上规定,道路的养护维修应由政府的行政主管部门负责。

(二)开发建设单位负责

有些地区的地方法规规定,道路的养护维修应由建设单位负责,如:《哈尔滨市城市道路管理条例》"第二十二条规定:城市道路养护、维修责任,按照下列规定划分:

(1)市政道路,由市政部门委托的城市道路养护、维修单位养护、维修;

(2)单位投资建设和管理的道路,由投资建设单位或者其委托的单位养护、维修;

(3)住宅小区、开发区内的道路,由建设单位或者其委托的单位养护、维修;

(4)道路与铁路平交道口钢轨外沿两米以内的铺装部分,由铁路部门养护、维修。"

按照这一规定,建设单位将永远负责对其所建设的道路负责养护维修。

(三)产权单位负责

有些地区的地方法规规定道路的养护维修应由产权单位负责,如:《武汉市城市道路桥梁管理办法》规定:"第八条　机关、团体、部队、学校、企业、事业单位、公园、街坊、住宅区内的道路、桥涵以及房地部门管理的里巷内的道路,由产权单位、使用单位或者有管理责任的单位负责维修、管理。

单位自行修建或者集资修建、符合城市道路规划和国家规定的技术标准,可作为城市公用道路、桥涵的,移交市政建设管理部门,由市政建设管理部门负责维修、养护和管理。

第二十四条　市政建设管理部门应按职责分工,对道路及其附属设施经常进行检查,及时维修、养护。"

建设单位与产权单位有所不同,建设单位是原始产权人,但一旦产权转移后原建设单位就不再是产权单位。如果由产权人负责养护维修,建设单位售出物业后就不再承担养护维修的义务。

由道路的产权人负责养护维修道路,理论上是无懈可击的。关键是多产权人的物业区域内的道路究竟是属于共有财产还是公有财产,国家并没有直接做出明确规定。城市里的道路应属基础设施,是国家所有即公有财产。在未实施物业管理的区域内,道路均由政府主管部门负责养护维修,其原因就在于此。实施物业管理只是改变了管理模式,并未改变产权关系仍应属于国家所有,养护维修也应由政府负责。城市基础设施的养护维修费用,主要来源于城市维护建设税。城市维护建设税是对缴纳营业税的单位和个人征收,以营业税实缴税额为计税依据而征收。城市市区税率为营业税实缴税额的7%,相当于营业额的0.35%。物业管理实施以后,该税收并未减少反而因收缴物业管理费而使其增加。业主所交的物业管理费中已经包含了道路养护维修费用,应由政府的行政主管部门负责组织养护维修。因此城市道路的行政主管部门或其委托的垄断经营机构,也是非市场行为主体。

复习思考题

1. 物业管理市场的主体如何分类?
2. 物业管理企业对物业管理区域内的哪些行为负有报告责任?
3. 物业管理市场上咨询机构的服务对象有哪些?
4. 物业管理区域内的治安秩序如何维护?
5. 物业管理市场上协调主体起何作用?
6. 物业管理协会的职责包括哪些方面?
7. 业主大会的性质是什么?

第五章 物业管理市场的运行机制

第一节 供求之间制约机制

物业管理是房地产消费过程中一种新的管理模式,这种管理模式与传统管理模式的根本区别,在于其制约机制的差异。有些媒体强调,在物业管理中业主有至高无上的权利,实际上这是对物业管理的误解。物业管理之所以比较合理,就是因为在各法律关系主体之间建立起了完善的制约机制。

房地产消费过程的管理模式主要体现在主体之间的制约关系,具体地说是所有者、使用者和管理者之间的相互制约关系。在计划经济时期,房地产大部分属于国家所有,也就是说房地产的所有人是国家。住宅的使用人是居民,工业用房、办公用房和其他用途的房屋的使用人大多是国家的在职职工。这些房地产由国家委托给政府的房地产行政主管部门管理。由于房地产行政主管部门

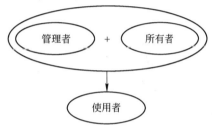

图 5-1 所有者和管理者合为一体的管理模式

是替国家管理国有资产,因此所有者和管理者合为一体,而对其使用人进行管理。这种管理是单向的、不可逆的,使用人只能接受管理。其管理模式详见图5-1。

这种管理模式在我国持续了四十多年,客观的存在必然有其存在的必然。当时的产权结构是这种管理模式存在的基础,而且是惟一可行的一种管理模式。

改革开放使房地产的产权结构发生了根本的变化,异产毗连房屋(即多主楼宇)的产生,导致管理模式必须相应转换。如果管理问题解决不好,不仅不能充分发挥物业的使用功能,甚至可以威胁到业主的生命和财产安全。管理权源于所有权,异产毗连房屋的所有权分为公有部分、共有部分和专有部分。公有部分属于全民所有意即国家所有,应由政府进行管理;共有部分的所有权属全体业主共同所有,从理论上讲应由全体业主共同管理;专有部分的所有权属业主私人所有,其管理权和管理责任也应由业主承担。但是对于一个成千上万业主的物业管理区域的共有部分,大家七手八脚共同管理是无法操作的,物业管理从根本上解决了这一操作中的具体问题。

一、业主自治

管理的目的是维护物业的完好、改善整体环境、提高舒适程度。物业及其环境的破坏主要有两大原因,一是自然界的破坏,二是人为破坏。破坏物业及其环境的人,可能是外来人口也可能是业主自身,而且后者居多,如:乱泼乱倒、随地吐痰以及违章装修等。对于破坏的恢复需要服务,对于人为破坏需要预防和制止,而且还要对业主和使用人进行宣传教育约束自己的行为,同时还要组织业主防范外来的破坏。这些都需要有一个机构去组织和协调,于

是业主自治组织便应运而生了。业主通过选举产生"自治组织",并对其成员进行监督,一旦发现某些组织成员不称职可以将其罢免。该组织对业主负责,并对物业、业主及使用人进行管理,这样就形成了业主"自治组织"与业主之间的相互制约。这个业主自治组织在各级政府的文件中曾多次易名,如:住宅小区管理委员会、业主委员会、业主管理委员会及物业管理委员会等。国家的《物业管理条例》将其命名为"业主大会","业主委员会"是"业主大会"的执行机构。

业主之间也应相互制约,物业管理中用业主公约来解决这一问题。《物业管理条例》第十七条规定:"业主公约应当对有关物业的使用、维护、管理,业主的共同利益,业主应当履行的义务,违反公约应当承担的责任等事项依法作出约定。业主公约对全体业主具有约束力。"

业主公约是一个多边协议,是由全体业主共同制定、共同签署、共同遵守的行为准则。业主公约不约束业主的其他行为,只约束业主使用物业的有关权利和义务。每一个业主既不能侵害业主的共同利益,也不能侵害其他业主的利益,业主之间互相监督并互相制约。

二、委托代理

如前所述,业主自治组织应代表全体业主对物业和业主进行管理,以及为维护物业整体环境而进行服务。但是这些都是专业性很强的工作,普通业主及其自治组织成员一般不具备这些专业技能,而且业主自治组织成员均为兼职,没有更多时间处理这些事务。为此,业主自治组织应代表全体业主将这一工作有偿委托给专业机构——物业管理公司。物业管理公司接受业主自治组织的委托,为维持物业的整体环境良好而进行服务,并作为代理人代替该组织对物业及其所有人和使用人进行管理,以维护物业的正常秩序。在对外关系上,物业管理企业应该以委托人的名义实施民事法律行为。

物业管理市场就是通过招标投标,为全体业主寻找符合业主要求代理人的平台。

三、物业管理和服务的关系

最近几年,在全国各地的物业管理发展过程中,有关物业管理和服务问题是争论最为激烈的问题。有人认为,业主与物业管理公司是雇佣关系,物业管理公司只能管"物"。对于"人"只有服务义务而无管理权利,不能对业主进行管理。其实许多服务都包含着管理,只不过是寓管理于服务之中不易察觉罢了。如:教育服务、医疗服务和美容美发服务等都必须有一定的管理。需求方必须在供给方的管理制度约束下享受服务,有时甚至在供给方的指导下进行必要的配合才能完成服务活动。实践证明在各类服务市场上,往往管理越严格的服务机构,服务效果越好,客户也越多。物业管理企业不是无权管人。物业管理公司的管理权源于业主自治组织委托授权。《民法通则》第六十三条规定"公民、法人可以通过代理人实施民事法律行为。代理人在代理权限内,以被代理人的名义实施民事法律行为。被代理人对代理人的代理行为,承担民事责任。"物业管理企业接受业主自治组织的委托,有权代表业主自治组织,以业主自治组织的名义对业主进行管理。物业管理公司的常规服务,所维护的应该是物业的共有部分,而不是个别业主的专有部分。除特约服务和企业针对部分业主设定的专项服务以外,物业管理公司的服务对象是全体业主而不是某个业主。管理和服务是辩证的,对侵犯业主共同利益的个别业主进行管理和约束,就是对全体业主的服务,其中也包括行为不良者本身,如:制止了违章装修,避免了危险事故的发生,违章者同样受益。物业管理公司对业主的约束,是物业管理中主要的制约机制。

四、闭合的制约链

业主自治组织与物业管理公司是委托代理关系,业主自治组织应按合同约定支付佣金,也可委托物业管理公司直接向业主收取。但业主自治组织要监督物业管理公司履行合同,如服务和管理质量达不到合同约定时,可以追究其违约责任甚至终止合同。追究物业管理企业的违约责任,体现出对物业管理公司的制约。众多业主制约业主自治组织,业主自治组织制约物业管理公司,物业管理公司代表业主自治组织制约业主,形成一个闭合的制约链,而且这种制约还是可逆的。针对多主楼宇,仅增加物业使用中的服务并不是物业管理,只有形成这种制约机制,才是真正的物业管理。

我们可以把前面所说的制约链,用一个关系图来表示,如图 5-2。

本图中所示的业主就是前图中的使用人和所有人合一。在物业管理中虽然也有使用人与所有人分离的现象,但业主要对使用人承担连带责任,因此制约机制中所反应出来的只能是业主。这种模式的管理者是物业管理企业,而不是政府的房地产行政主管部门。

图 5-2 物业管理闭合链关系

第二节 价格调节机制

在各类市场上,价格都是供给和需求相互作用的结果,同时也是调节市场供求的杠杆。按照一般市场运行规律,需求不变供给上升价格下降,价格上升供给上升;供给不变需求上升价格上升,价格下降需求上升。但在物业管理市场上由于商品本身的特殊和许多国家的政策干预,因此与普通市场相比在价格对供求的调节上也有许多不同之处。对于新建住宅的物业管理国家强制需求,需求量不随价格变化而变化,即使价格变化很大需求也是一个不变的常量。对于某些物业管理服务的收费价格,国家规定采用政府定价和政府指导价有价格限制。市场需求即使很大,价格也不能突破国家规定的上限。只有一些特约服务和高档物业的服务,价格调节机制所能起到的作用与普通商品雷同。

业主之所以有物业管理服务的消费需求,其目的是为了追求物业效用的最大化。物业的效用是业主消费物业时,满足其消费欲望的程度。对于一般商品,价格和满足消费欲望的程度成正比,只要消费者不断提高价格,效用也会随着不断提高。物业管理服务也应该符合这一规律,物业管理服务费增加,物业管理质量也应该提高,物业的效用必然得到提高。值得注意的是,物业管理质量达到一定程度时物业的效用不再提高。物业效用的提高受物业档次的限制,低档物业即使服务投入再大其满足消费欲望的程度也达不到高档物业的水平。因此物业管理市场供求双方,应该根据物业本身的基础条件来确定服务质量和收费标准。

第三节 政府的监控机制

对于普通市场的管理一般都采取宏观调控的办法,而对于物业管理市场的管理还必须辅以微观管理的手段。因为物业管理市场运行复杂,涉及环节比一般市场多。而且每一个环节的失控都有可能影响公众利益。对物业管理市场的管理应分两个阶段:其一是对供求关系确定时的监控;其二是对交换过程的监控(具体操作见第十四章,此处只谈制约机制)。

一、供求关系确定时的监控

供求关系的确定有两个主要问题,一是招标投标过程,另一个是合同的签署。关于招标投标的监督管理,国家已通过立法明确做出规定。《招标投标法》第七条指出:"招标投标活动及其当事人应当接受依法实施的监督。

有关行政监督部门依法对招标投标活动实施监督,依法查处招标投标活动中的违法行为。

对招标投标活动的行政监督及有关部门的具体职权划分,由国务院规定。"

而且国务院已经出台了《国务院办公厅印发国务院有关部门实施招标投标活动行政监督的职责分工意见的通知》。其中规定了由国家发展计划委员会指导和协调全国招标投标工作,会同有关行政主管部门拟订《招标投标法》配套法规、综合性政策和必须进行招标的项目的具体范围、规模标准以及不适宜进行招标的项目报国务院批准;指定发布招标公告的报刊、信息网络或其他媒介。

对招投标过程的管理,按现行的职责分工,分别由有关行政主管部门负责受理投标人和其他利害关系人的投诉。《前期物业管理招标投标管理暂行办法》规定:"国务院建设行政主管部门负责全国物业管理招投标活动的监督管理。

省、自治区人民政府建设行政主管部门负责本行政区域内物业管理招投标活动的监督管理。

直辖市、市、县人民政府房地产行政主管部门负责本行政区域内物业管理招投标活动的监督管理。"

据此可知,物业管理招投标活动的监督管理是依法而行,是法律要求政府必须建立监控机制。法律要求物业管理强制招标,而且招投标过程要公开、公平、公正和诚实信用。这些要求只有在政府的严密监控下才能实现。强制招标需由房地产市场管理部门约束,把招标作为办理售房许可证的必要条件。

物业管理招标投标运行时间长、经过环节多而且复杂,仅靠行政主管部门监督管理,根本无法实现。为了加强物业管理招标投标过程的管理,可成立监督管理机构监控招投标的各个环节。政府本应服务于民,各行业行政主管部门应该是行业的服务者。政府对物业管理招标投标的监督管理,也可以体现在为招标投标过程的服务之中。政府行政主管部门可以将行政职能委托给某事业单位代行。该事业单位应该是专门为物业管理招标投标成立的服务机构,搭建招投标服务平台,寓管理于服务之中,同样起到监控作用。

招投标活动结束后,该机构还应督促和监督招标人和投标人,自中标通知发出 30 日内,按照招标文件和中标人的投标文件订立书面合同。

二、交换过程的监控

(一) 对供求主体的监控

在物业管理实施的过程中,供求主体主要是物业管理企业和业主自治组织。虽然房地产开发商也是需求主体,但实际上房地产开发商并不真正消费物业管理服务,只是国家要它承担一定的责任和义务。只要能把供求主体控制住,物业管理市场就能够风平浪静。

1. 政府各主管部门对物业管理企业的监控

物业管理工作涉及到市政、绿化、卫生、交通、安全、供水、供气、供热等各项内容。其中既包括了各专项服务企业的操作,也包括了各行业的行政主管部门对专项服务工作的管理。市政、绿化、卫生、交通、治安、供水、供气、供热等行政主管部门要对相应的专项服务企业及其服务活动进行监控。房地产行政主管部门负责小区管理的归口管理工作,负责物业管理区域内管理和服务中有关工作的监督与指导,并对物业管理企业的资质及其人员的资格进行管理。

工商、物价和税务也要对供给主体市场活动的行为进行管理。如:企业年检;物业管理服务收费和企业纳税等。

2. 街道居委会对业主自治组织监控

对需求主体的监控主要应由房地产行政主管部门和社区管理组织共同负责。房地产行政主管部门主要监督其业务活动,检查业主大会、业主委员会作出的决定。如果所作出的决定有违反法律、法规之处,物业所在地的区、县人民政府房地产行政主管部门,应当责令限期改正或者撤销其决定,并通告全体业主。

处理好业主自治组织和社区管理组织之间的关系,不仅是物业管理市场建设的需要和物业管理发展的需要,也是社区建设的需要和城市管理体制改革的需要。我国的社区组织比较特殊,居民委员会隶属于基层政府——街道办事处领导,居委会主任由街道任命,其余成员由居民选举产生。因此社区自治组织有半官方半民间的性质,既能体现出政府对社区的领导,又有很深的群众基础。《物业管理条例》规定:"在物业管理区域内,业主大会、业主委员会应当积极配合相关居民委员会依法履行自治管理职责,支持居民委员会开展工作,并接受其指导和监督。

住宅小区的业主大会、业主委员会作出的决定,应当告知相关的居民委员会,并认真听取居民委员会的建议"(第二十条)。

对物业管理市场需求主体的双重监督管理,肯定会对规范物业管理市场起到一定的积极作用。但这仅仅是国家立法上所作出的规定,而且规定的出台还不到一年,距离发挥作用还需要有一个过程。

3. 制约关系图(见图5-3)

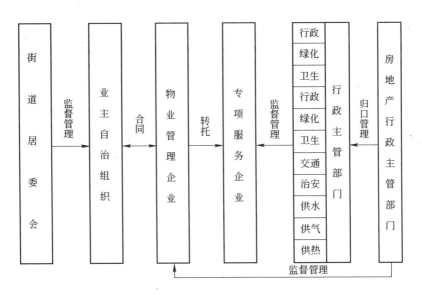

图5-3 对物业管理制约的关系

（二）对价格的监控

市场交换实际上是货币与商品进行交换，供求双方最为关心的是货币量。由于供求双方所处的立场不同以及各自利益的驱动，在物业管理服务的收费标准上和收缴率上存在很大意见分歧。这就需要政府的某个行政主管部门协调解决。《国家发展改革委、建设部关于印发物业服务收费管理办法的通知》第四条规定"国务院价格主管部门会同国务院建设行政主管部门负责全国物业服务收费的监督管理工作。县级以上地方人民政府价格主管部门会同同级房地产行政主管部门负责本行政区域内物业服务收费的监督管理工作。"

在物业管理市场上的价格监控，由价格主管部门和房地产行政主管部门共同负责。我国在价格管理上，历来是采用双重管理的方式。而且符合《价格法》第五条的有关规定，即："县级以上地方各级人民政府价格主管部门负责本行政区域内的价格工作，县级以上地方各级人民政府其他有关部门在各自的职责范围内，负责有关价格工作。"价格主管部门掌握国家有关的法律、法规和政策，有权管理和调控市场价格。但由于各类市场上的商品和服务的价格标准和计费方法千差万别，涉及到许多专业知识和专门的规定，因此在价格管理上必须结合各行业的行政主管部门。物业管理工作专业性比较强，应该会同行政主管部门双重监控。

目前各地的一般作法是将物业管理服务收费价格分为两类：一类是政府限价，另一类是供求双方议价。政府限价属于政府定价或政府指导价，一般适用于低档住宅的物业管理，其目的是为了照顾业主的支付能力。政府定价是价格管理部门对不同的服务质量要求，规定出不同的物业管理服务收费上限，对超过这一界限的物业管理企业将要受到惩罚。政府指导价的收费价格确定方法是，政府规定服务费用的成本构成和允许变化的幅度，在规定范围内确定服务价格。议价是供求双方按市场变化规律协商确定价格。

属于政府定价的有关部门要控制定价是否超过标准，属于议价的有关部门主要协调商品交换过程中的纠纷。

（三）对质量的监控

质量与价格同样都是市场供求双方矛盾的焦点。由于物业的档次差别很大，业主的需求各异，物业管理服务质量不可能有一个统一的标准。国家面对那么多物业管理项目，不可能挨个确定质量标准，也不可能派驻质量检查人员进行监控。国家所能做到的只有制定出几个不同等级的服务标准，供物业管理市场的供求双方选择。但物业种类繁多，服务标准的制定不可能面面俱到，只能会涉及面最大的普通住宅作出规定。最近建设部出台了《普通住宅小区物业管理服务等级标准》，招投标时供求双方可以直接套用。其他类型物业和高档住宅，供求双方可以在合同中约定。政府对服务质量的监控主要体现在，修订服务标准、接待质量投诉和解决纠纷等问题上。

目前出台的《普通住宅小区物业管理服务等级标准》在使用时，要注意以下几个问题：

1. 该《标准》为普通商品住房、经济适用住房、房改房、集资建房、廉租住房等普通住宅小区物业服务的试行标准。物业服务收费实行市场调节价的高档商品住宅的物业服务不适用本标准。

2. 该《标准》根据普通住宅小区物业服务需求的不同情况，由高到低设定为一级、二级、三级三个服务等级，级别越高，表示物业服务标准越高。

3. 该《标准》各等级服务分别由基本要求、房屋管理、共用设施、设备维修养护、协助维护公共秩序、保洁服务、绿化养护管理等六大项主要内容组成。本《标准》以外的其他服务项目、内容及标准,由签订物业服务合同的双方协商约定。

4. 选用该《标准》时,应充分考虑住宅小区的建设标准、配套设施、设备、服务功能及业主(使用人)的居住消费能力等因素,选择相应的服务等级。

复 习 思 考 题

1. 物业管理过程中是否有必要对业主进行管理?
2. 物业管理市场上各个主体是如何相互制约的?
3. 如何对招标投标过程进行监控?
4. 如何对物业管理交换行为进行监控?
5. 《普通住宅小区物业管理服务等级标准》适用于哪些类型的房屋?

第六章　物业管理市场上中介的服务

中介服务是房地产市场必不可少的经济活动。物业管理市场是房地产消费阶段的服务市场,中介服务也同样起着十分重要的作用。中介服务活动可以使信息传播受体的分布更加合理,从而加快了商品流通速度,促进了物业管理市场的发展。房地产中介服务包括房地产估价、房地产咨询和房地产经纪。在大陆的物业管理市场上没有估价活动(香港产业测量师的业务范围包括物业管理),只有咨询和经纪活动。经纪活动应该包括:代理、居间和行纪。行纪多为证券、期货和动产的经纪活动。在我国房地产市场上,究竟有没有行纪活动以及是否允许行纪活动的存在一直是争议的问题。即使在国外行纪活动也都服务于动产、期货和证券等的交易。因为本书主要是谈物业管理市场,所以不拟深入研讨这一问题。但有一点可以肯定,目前在我国的物业管理市场上的中介服务中,尚未发现有严格意义的行纪活动。因此我们所说的中介服务活动主要有:代理活动、咨询活动和居间活动

第一节　物业管理市场上的代理

一、代理的概念

代理是指在被代理人授权范围内,以被代理人的名义实施民事法律行为,并由被代理人承担相应的法律责任的行为。

代理有指定代理、法定代理和委托代理。在物业管理市场上,招标人和投标人的代理属于委托代理。招标投标服务机构代替政府对物业管理市场的监督管理属于政府指定代理。物业管理市场上的被代理人可以是需求方,可以是供给方,也可以是协调方。代理机构的服务对象应该是招标人、投标人和政府。

二、招标代理

物业管理招标既可以委托招标也可以自行招标,其关键问题在于招标人是否有编制招标文件的能力和组织评标能力。由于招标是一项技术含量较高的工作和非常复杂的民事法律行为,如果没有相应的专业人员把关,很难达到预期效果。法律规定了招标人有权自行选择代理机构,委托办理招标事宜;又规定任何单位和个人不得以任何方式为招标人指定招标代理机构,任何单位和个人也不得强制招标人委托招标代理机构办理招标事宜。这样规定的主要作用是可以避免某些行政主管部门借用职权为一些代理机构兜揽业务逼迫招标人委托代理。

(一)招标代理机构

招标代理机构是指依法设立、从事招标代理业务并提供相关服务的社会中介组织。

代理机构的设立国家并未规定照前审查条件,只需到工商行政管理机关办理登记手续。但该机构从事代理业务的资格,需要有关行政主管部门审查认定。《招标投标法》要求的具体条件是:

1. 有从事招标代理业务的营业场所和相应资金；
2. 有能够编制招标文件和组织评标的相应专业力量；
3. 有符合国家规定条件、可以作为评标委员会成员人选的技术、经济等方面专家库。

物业管理招标代理机构很难满足上述要求，前两项条件比较容易达到。第三条关于建立专家库的规定，虽然从理论上讲不是绝对不可能的，但实际上是一个中介机构难以实现的。

（二）招标人与代理人的关系

招标人和代理人之间是一种委托代理的关系。我国《民法通则》第六十三条规定："公民、法人可以通过代理人实施民事法律行为。

代理人在代理权限内，以被代理人的名义实施民事法律行为。被代理人对代理人的代理行为，承担民事责任。"

物业管理招标过程中，房地产开发商或业主委员会是委托人，招标代理机构为受托人。招标代理机构以房地产开发商或业主大会的名义组织招标工作，房地产开发商或业主大会对代理机构的代理行为承担民事责任。委托代理可以全部委托也可以部分委托。因此在委托时，委托人与代理人之间应当签订详细的书面合同，明确招标代理机构的代理权限，避免不必要的纠纷。

（三）主要代理业务

招标代理机构接受招标人委托，代理招标全过程或代理下列某项具体工作：

1. 编制招标文件；
2. 审查投标人资质；
3. 组织现场勘察、质疑；
4. 组织评标、决标；
5. 提供与物业管理招标相关的其他服务。

（四）招标代理服务收费

《招标代理服务收费管理暂行办法》规定了招标代理服务收取标准如表6-1。

招标代理服务收费标准 表6-1

单个企业单个品种的中标合同金额	招标代理服务费费率
100万元以下	0.6%
100万～500万元	0.4%
500万～1000万元	0.3%
1000万～5000万元	0.2%
5000万元以上	0.1%

代理服务收费是以单个企业、单个品种中标合同金额为计算基数。但物业管理招标没有中标合同金额，仅有物业管理服务收费标准和计算方法。而且收费一般都是按月收取，以每平方米建筑面积为计算单位，每平方米收费一般不超过一元。现在各地住宅项目强制招标的起点，大多在2~5万平方米建筑面积。这样每月收取的物业管理服务费最多几万元，招标代理费最多几百元。根本不够代理招标成本，因此计算招标代理服务费最好以合同期物业管理服务费总额为准。

三、市场供给方代理

法律没有规定投标人代理问题,是否需要这种中介服务完全取决于投标人自己。《合同法》规定"委托人可以特别委托受托人处理一项或者数项事物,也可以概括委托受托人处理一切事物。"在物业管理招标投标实践中,招标人可以委托代理人处理招标过程中的一切事物。但迄今尚未发现投标人全部委托代理机构投标先例,至少答辩必须让物业管理企业负责人和项目负责人亲临现场,因为答辩实际上是招标人对投标企业负责人和项目负责人的面试。但投标的部分工作委托中介机构代理,还是能够经常见到的,如:接受投标人委托编写投标文件。早期物业管理招标投标中的许多投标文件都是投标人委托境外的中介机构编写的。

四、协调者代理

政府行政主管部门是物业管理市场的管理者,对市场上的所有经济活动应该进行监督管理,规范和促进市场发展。但政府部门的编制有限,市场运行中必须监控的环节过多,以致无法实现非常必要的管理。比较理想的办法是,成立物业管理市场服务机构,搭建市场运行平台,寓管理于服务之中。政府行政主管部门指定服务机构为其代理,监控市场供求双方的交换行为,保护业主的合法权益。这种服务机构就是政府监控物业管理市场活动的代理人。

第二节 物业管理市场上的咨询活动

在房地产经济活动中,有时代理和咨询往往界限不清。一些中介机构,也不想为客户分析得特别清楚,只要能够争取到业务而且客户对服务满意就达到了目的。其实代理是"委托受托人处理一项或数项事物,也可以概括受托人处理一切事物。"(《合同法》第三百九十七条)。房地产行业内的代理活动有很多,物业管理招标过程可以全部委托代理,投标的部分工作也可以委托代理。代理人接受委托以后,不仅有处理委托事项的义务也有处理委托事项的权利。而房地产咨询"是指为房地产活动当事人提供法律、政策、信息、技术方面服务的经营活动。"(《城市房地产中介服务管理规定》第二条)。咨询只要履行提供服务的义务而没有任何权利。物业管理招标投标过程中,如果某个主体把自己应该完成的某项工作委托给中介机构处理就是代理;如果某个主体对于招标投标过程中的某个环节遇到专业技术问题,为了解惑而请中介机构提供口头或文字性的服务就是咨询。

一、信息咨询

(一)市场

1. 招标信息

物业管理的招标信息固然可以从招标网站和媒体上查找。但物业管理企业不是每时每刻都有投标的愿望和可能,大多数企业很难做到每天都有人盯住传媒,把所有的招标信息记录下来,以备投标时选择。中介机构应该建立物业管理招标信息库,而且每天都要进行信息更新,增加当天新信息,删除过时旧信息,如有企业想要投标可以前来查询。

招标信息应按招标信息发布时间、招标项目的规模、招标项目的类型、招标人等进行分类以便查询时检索方便。

2. 在建工程信息

较大的物业管理企业应该制定投标计划,制定投标计划时不仅要知道目前的招标项目,还要了解潜在的招标项目。物业管理企业也可以自己调查,但所耗人力和物力太大,中介服务机构如果能够提供最为经济。潜在的招标项目源于在建工程,当达到国家要求的投资比例时可以预售,预售之前必须进行物业管理招标。因此中介机构的信息库里必须有潜在工程的开工日期、工程进度和竣工日期等。

3. 各个物业管理项目基本情况

一个城市的物业总量和项目数量都与物业管理市场需求量成正比,是物业管理企业和中介机构分析市场必须的资料。中介机构应该掌握该城市的物业总量、在管面积、未管面积以及各个在管项目的合同签署日期和合同期等。

初看起来这些资料不容易找到,其实每次招标的招标文件中都有,中介机构必须注意积累,而且要进行分类以便查找。

(二)市场主体的有关信息

1. 需求主体

主要是房地产开发商和业主委员会的具体情况。

2. 供给主体

主要指物业管理企业和一些专项服务机构。除掌握供给主体数量以外,还要知道各个企业所管理物业的类别、服务特色以及市场运作的规律等。

二、技术咨询

(一)市场分析

有的物业管理企业设置了专门负责营销的部门,为企业进行市场调查和预测。但有的企业规模不大,又不想在短期内迅速膨胀,没有必要设置专门机构。如果想了解市场发展的趋势可以咨询中介服务机构。

政府的行政主管部门主要的工作是制定政策管理行业,也需要了解物业管理市场动态。政府的公务员不一定都能从事经济分析工作,可以借助于中介机构的力量。

(二)投标决策分析

物业管理企业面对市场上不断的招标项目,究竟是否去投标、投标策略是什么、如何报价等,都是技术性很强的问题。有的企业可能自己的力量不足,或者在某些问题上没有把握,应该听取咨询机构的专业意见。咨询机构应当根据招标项目的特点、企业发展规划和自身条件,提出是否应该投标的建议。

三、策划

(一)协助招标人制定招标方案

有的招标人不愿意将招标工作全部委托给中介机构代办,只把难度较大的工作聘请咨询机构协助解决。招标方案的主要内容有:

1. 招标方式的比选和建议;
2. 招标工作计划;
3. 招标组织;
4. 招标经费预算;
5. 评分标准和方法的制定;
6. 标底的编制;

7. 投标预备会和决标大会的会议议程；
8. 招标过程中各种文件的制作。

（二）物业管理服务营销方案策划

物业管理服务营销方案的主要内容有：

1. 市场分析；
2. 本企业服务特色分析；
3. 营销策略
（1）物业管理服务定价策略；
（2）利用载体有形展示策略；
4. 实施的具体措施；
5. 营销预算；
6. 阶段性计划。

（三）企业发展计划

1. 企业现状；
2. 市场变化趋势分析和细分；
3. 企业市场定位；
4. 企业内部调整；
5. 计划实施步骤；
6. 计划执行自检方案。

第三节 物业管理市场上的居间活动

一、概念

居间是指以物业管理服务或有关的业务为对象，经纪人以自己的名义为他人提供确定供求关系的信息和机会，通过居间协调促进供求双方确定供求关系，经纪人依法取得合理的服务报酬的经营活动。

二、主要业务

自从社会上有了独立的物业管理企业以后，市场上就已经出现了居间活动。供给方需要经纪人居间为其提供市场需求的信息促成签署物业管理服务合同；需求方也需要经纪人为其提供信誉良好的物业管理企业信息，并促成双方尽快确定供求关系。对于房地产经纪人，过去国家并没有把他们管理起来，既没有合法的身份也没有收费标准和依据。近年来，我国已经实施了房地产经纪人员的职业资格制度，但只限于房地产交易中从事居间、代理等经纪活动的人员。按道理讲房地产经纪人应当包括房地产行业的各个环节的经纪人员，物业管理市场上的经纪人应在其范围之内，但目前尚未做到。正在从事物业管理居间活动的经纪人良莠不齐，有些经纪人违规操作侵害着业主和企业的利益，国家应该尽快对物业管理市场上的经纪人规范管理。

国家自从公布了《物业管理条例》和《前期物业管理招投标暂行规定》以后倡导招标投标，物业管理市场上经纪人的居间活动受到一定的限制。但严格要求招标的仅仅是大规模的住宅项目，非住宅和小规模的住宅项目没有要求必须招标，因此物业管理市场上的居间活动是无法避免的。其主要的业务有：

1. 非住宅物业管理

非住宅物业种类繁多，包括工业、商业、办公、仓储、旅游、康乐设施等各种用途的物业以及一些构筑物等。目前这些物业多已采用物业管理模式进行管理，其中有的由社会招聘的物业管理企业管理，也有的由产权人自己组建的物业管理企业管理。

非住宅物业管理，国家目前还不能强制要求开发建设与物业管理分离。尤其是用于租赁经营物业的管理和服务，与租赁经营不宜分头管理，否则不好协调，最好由一个单位负责。而租赁经营权属于产权人所有，任何人无权强制要求代理。因此开发建设单位是否聘请物业管理企业，聘请哪个企业完全由开发建设单位自己做主。有些开发建设单位，不愿意让琐碎的物业管理工作牵扯过多的精力，影响继续开发新项目，完全有可能将项目交给物业管理企业管理。由于非住宅物业管理的利润空间大，是物业管理企业竞争的主要目标，这就给从事居间活动的经纪人提供了机会。他们可以到处游说促成双方签约。

2. 小规模住宅的物业管理

住宅的物业管理本来利润空间就很小，如果项目的规模太小经营的困难就会更大。如果公开招标投标人不会很多，甚至于因没人投标白白增加了前期准备的成本，所以国家不要求必须公开招标。经纪人可以从中穿针引线，促成供求双方签约。

复习思考题

1. 招标代理机构设立的条件有哪些？
2. 物业管理招标方案包括哪些内容？
3. 什么是居间活动？
4. 为什么物业管理市场上需要有中介服务？
5. 物业管理市场上是否可以委托投标全程代理，为什么？

第七章 物业管理招标

第一节 物业管理招标内容和招标形式

一、内容

涉及物业管理的招标一般有物业管理的前期策划招标、前期物业管理招标、物业管理实施过程的常规服务和物业管理的各项专业服务招标。

（一）物业管理前期策划招标

物业管理业内人士经常提到，物业管理应当超前介入。这里所说的超前介入，并不是说物业管理企业必须到位，而是指物业管理的铺垫工作应该提前开始，但哪个时点启动最为适宜，目前尚无定论。按照物业管理行政主管部门的要求，在售房前办理《售房许可证》时，"物业管理方案已经落实"（建设部 2001 年 88 号令）。行政主管部门所要求的是物业管理方案落实的时间，而不是方案制定的时间。现在全国各地大多数地区，基本上掌握在售房前要求物业管理必须介入。只有少数地区要求在呈报规划设计方案时，必须将物业管理方案同时上报。这种作法比较科学，只是在操作时不好实现。因为规划设计方案由规划行政管理部门主管，而物业管理工作由房地产行政管理部门主管，很难联合办公处理此事。但有远见的开发商，不管行政管理部门如何要求，主动超前为物业管理进行铺垫。于是物业管理的前期策划，也已成为物业管理市场上一项非常重要的物业管理服务需求。当然从事这项工作的未必都是物业管理企业，一些专业咨询机构也能担此重任。选聘前期策划机构大多也要通过招投标的方式完成。

（二）物业管理常规服务招标

物业管理常规服务的招标，在物业管理市场上的各种招标活动中所占比例最大，是最常见的一种招标。物业管理常规服务招标，有的属于前期物业管理招标，有的属于更换物业管理企业再招标。

1. 前期物业管理招标

前期物业管理，是指在业主、业主大会选聘物业管理企业之前，由建设单位选聘物业管理企业实施的物业管理。前期物业管理的时间是从售房许可证发放之前开始，到业主委员会与物业管理企业签订的合同生效时止。按说物业管理服务的需求应该始于业主入伙，但为什么售房前就要招标，并与物业管理企业签订前期物业服务合同。主要有以下三个原因。

（1）确定商品消费质量

物业是一种商品，物业管理服务也是一种商品。这两种商品之间并不是毫无关系，而是存在着很强的互相依赖性。物业是物业管理服务的载体，物业管理服务不能脱离物业而单独存在。物业在消费过程中必须伴随着物业管理服务，以增加物业的效用。物业消费质量好坏除与物业质量有关以外，还与物业管理服务的质量有关。物业的潜在需求者在选择物业时,需要关注的问题除了物业的区位、房型和质量之外,还有物业管理服务质量。物业管理服务质量决定物业消费质量,是消费者选择商品的关键。已签订的物业服务合同中,附有服务质量细则。房地产开发商可以把合同展示给潜在的房地产消费者,供其在购房时比较挑选。

(2) 消费成本

服务质量与消费成本成正比,服务质量好消费成本就高。物业的消费时间比较长,消费成本在业主的日常支出中占有很大比重。物业服务合同中应写清各种服务费的取费标准和计费方法,供消费者选择物业参考。提前确定消费成本,消费者可根据自身的支付能力和支付意愿选择适宜的物业。

(3) 为物业管理前期准备

前面我们提到了物业管理超前介入,应该是在规划设计阶段进行物业管理方案制定。但此时并不一定是物业管理企业直接介入,有可能是由咨询机构负责。物业管理企业介入的时间也应提前,而不是业主入伙时才到位,一般是在设备安装时。因为结构部分对将来物业管理影响相对较小,而且按国家规定结构维修应由建设单位终生负责。设备运行、使用和维修是物业管理企业的责任,必须对设备安装过程十分清楚。特别是一些管线走向、阀门的位置和隐蔽工程,物业管理企业的工程技术人员和维修人员最好到达施工现场,掌握第一手资料并对设备安装提出合理化建议。虽然日后也可以从图纸上了解有关情况,但施工人员未必绝对按图纸施工。而且一经安装就位,即使有些不合理的地方也无法改动,因此物业管理适时介入可以为物业管理服务铺垫。

2. 更换物业管理企业

更换物业管理企业有两种情况,一是供求双方原来所签合同期限已到合同自动终止,双方不再续签;二是合同期限未到而提前终止合同。

(1) 合同期满

合同不可能是永续的,任何合同都有时间限制。物业管理服务合同不应该与物业使用年限同步延续几十年。但物业管理服务合同又不宜时间过短。因为物业管理企业从接管进驻到管理纳入正规需要一定时间,如果时间过短来不及建立管理的正常秩序就结束了合同期,对物业管理企业和业主都是非常不利的。按照目前业内的习惯,物业管理服务合同的期限一般为三年,三年期满可以续聘但主动权在业主手中。如果业主对物业管理企业比较满意应重新签署合同,不再重新选聘另外的物业管理企业。如果物业管理区域内的业主不满意原来的物业管理企业,则需要更换物业管理企业,重新招标选聘。

(2) 提前解除物业管理服务合同

在合同成立的有效期间内,物业管理服务合同具有法律效力。物业管理市场供求双方的当事人,必须认真履行各自的义务。任何一方当事人不得擅自解除合同,否则将承担违约责任。但有时合同不能或者不宜继续履行,或某一方当事人在合同履行过程中违约,已经给另一方造成了重大损失,则不应机械地阻止解除合同。

合同解除的目的是消灭已生效的合同关系,使当事人双方恢复到未签署合同之前的关系。合同解除分为单方解除合同、双方协议解除合同以及法律法规特别规定的合同解除。

1) 单方解除合同

单方解除合同有两种情况:其一是法定解除;其二是约定解除。法定解除主要依据的是《合同法》,其中第九十四条规定:"有下列情形之一的,当事人可以解除合同:

① 因不可抗力致使不能实现合同目的；
② 在履行期限届满之前，当事人一方明确表示或者以自己的行为表明不履行主要债务；
③ 当事人一方迟延履行主要债务，经催告后在合理期限内仍未履行；
④ 当事人一方履行债务或者有其他违约行为致使不能实现合同目的；
⑤ 法律规定的其他情形。"

如果物业管理企业倒闭合同自然终止。

约定解除是合同中约定了合同解除权，而且其中一方已经具备了合同解除权，可以解除合同。《合同法》第九十三条规定："当事人可以约定一方解除合同的条件。解除合同成就时，解除权人可以解除合同。"在建设部公布的《物业管理委托合同》示范文本中第二十七条和第二十八条涉及单方解除合同问题。第二十七条约定："甲方违反合同第十九条的约定，使乙方未完成管理目标，乙方有权要求甲方在一定期限内解决，逾期未解决的，乙方有权终止合同；造成乙方经济损失的，甲方应给乙方经济赔偿。"第二十八条约定："一方违反本合同第五章的约定，未能达到约定的管理目标，甲方有权要求乙方限期整改，逾期未整改的，甲方有权终止合同；造成甲方经济损失的，乙方应给予甲方经济赔偿。"这里所说的第十九条主要是甲方的权利义务，其中包括给乙方提供管理用房、管理所需资料以及管理费用等。如果甲方不履约，乙方确实无法实现管理目标，只能终止合同。第五章主要是说物业管理服务标准。如果甲方严格履约，提供了物业管理服务所必备条件而乙方没有履约，合同的存在已无任何意义也只能解除合同。

2）双方协议解除合同

协议解除合同是合同未履行或者未能全部履行前，当事人双方通过协商解除原来所签署的合同。《合同法》第九十三条规定："当事人协商一致，可以解除合同。"协议解除合同是在原来合同生效后，通过订立一个新合同而使原来的合同效力灭失。这种事后解除合同协议是为解除原合同而立，因此也有人称之为反对合同。虽然解除合同的协议是当事人双方协商拟订，但其内容不得违背国家利益和公众利益，否则解除合同的协议无效。前期物业管理服务合同是房地产开发商与物业管理企业之间签订的，但这是作为原始业主签订的合同。继受业主产生后，原始业主要对继受业主负责。解除协议不得损害广大业主的利益，否则解除协议是无效的。

3）法律法规的特别规定

对于前期物业管理服务合同，国家规定可以在合同约定期限未满时提前终止合同。《物业管理条例》第二十六条规定："前期物业服务合同可以约定期限；但是，期限未满、业主委员会与物业管理企业签订的物业服务合同生效的，前期物业服务合同终止。"

不论任何理由物业管理服务合同一旦终止必须立即招聘新的物业管理企业。虽然有的城市已经规定物业管理服务合同解除后，新物业管理企业接管前原来的物业管理企业不准撤离。但并不是所有地区都做出此项规定，各地规定续留时间也不一致。因此需求方尽快组织招标是当务之急。

（三）物业管理专项服务"转托"招标

随着物业管理行业的发展，专门从事某项服务业务的专业性服务企业会越来越多。综合性的物业管理企业可能向纯管理型的企业发展，而将大多数操作性的工作转托出去。因此，专项服务转托的招标投标也将成为物业管理市场上一项主要的招标业务。

专业性的服务企业有很多,如:保洁、保安、园林绿化和设备维修养护等。设备维修养护又可以分为水、电、通讯、供暖和电梯等不同设备维修养护的专业性服务企业。各种设备维修企业的资质管理各不相同,技术装备和技术人员知识范围也不一致,因此五脏俱全的综合性设备维修企业并不经济也不多见。物业管理企业可以根据自己所管项目的需要分别转托专项服务。

二、招标形式

物业管理招标目前有三种形式:公开招标、邀请招标和议标。公开招标和邀请招标的区别主要在于招标信息传递的范围和方式不同。

(一)公开招标

"公开招标是指招标人以招标公告的方式邀请不特定的法人或其他组织投标"(《招标投标法》第十条)。也就是说公开招标也是一种邀请,这种邀请没有特指的范围,只要符合招标条件任何人都可以投标。物业管理的公开招标没有特定范围,但有严格的条件限制。首先邀请的必须是企业法人,而且对于不同级别的企业可以投标的规模。原来的规定限制不同资质等级的物业管理企业,投标的地域范围。新的《物业管理企业资质管理办法》取消了地域范围限制,仅规定了规模限制,"一级企业可以承接各种物业管理项目;二级企业可以承接30万平方米以下住宅项目和8万平方米以下非住宅项目的物业管理;三级企业可以承接20万平方米以下住宅项目和5万平方米以下非住宅项目的物业管理。"物业管理招标中所说的没有特定范围,是指不排斥符合国家所要求条件的潜在投标人。公开招标要求必须发布招标公告,通常这种公告的传播媒体应该是一种大众传媒。《招标投标法》第十六条规定:"招标人采用公开招标的,应当发布招标公告。依法必须进行招标的项目的招标公告,应当通过国家指定的报刊、信息网络或者其他媒介发布。"在报刊发布招标公告是一种传统的招标信息发布方式。互联网的出现增加了信息传递的速度和受众分布广度,使招标更加便捷。但对于国家要求必须招标的项目,不是所有媒体都可以发布招标公告,必须到指定媒介免费发布。国家发展计划委员会根据国务院授权,按照相对集中、适度竞争、受众分布合理的原则,指定了依法必须招标项目的招标公告发布媒介。具体媒介为:《中国日报》、《中国经济导报》、《中国建设报》和《中国采购与招标信息网》(http://www.chinabidding.com.cn)。对于前期物业管理的招标,也可以在中国住宅与房地产信息网和中国物业管理协会网发布免费招标公告。

(二)邀请招标

"邀请招标是指招标人以投标邀请书的方式邀请特定的法人或其他组织投标"(《招标投标法》第十条)。物业管理邀请招标是指房地产开发商或业主大会,物色一些符合要求的物业管理企业邀请其前来投标。所谓特定的法人或其他组织是给准入的投标人限定了一个范围。邀请招标的优点是招标人有的放矢,增加了投标人中标的可能性;缺点是可能排除了更优秀的企业,另外也给招标人虚假招标带来可乘之机。

《招标投标法》规定:"招标人采用邀请招标方式的,应该向三个以上具备承担招标项目的能力、资信良好的特定的法人或者其他组织发出投标邀请书。"(第十七条)。这里突出了三个问题:

1. 邀请潜在投标人数量

法律规定招标人必须向三个以上单位发出邀请,至于多少合适视具体情况而定。由于接到招标邀请的单位未必投标,因此应该发出的邀请书尽可能多一些。在实际操作中,常常是在发出邀请时先与被邀请单位沟通一下,了解投标的可能性掌握实际投标人数。另外还可以收取一定数额的保证金,以保证实际参加竞标的数量达到三个以上。

2. 具备承担招标项目的能力

是否具备承担招标项目的能力要从两个方面去考虑,一是资质等级,应符合《物业管理企业资质管理办法》规定。最主要的是要看拟招标的物业管理项目的规模,选定的邀请单位允许接管;另一方面是被邀请的物业管理企业是否管理过同一类型的物业管理项目。

3. 资信良好

对于资信的管理各地参差不齐,有的地区已经建立了物业管理企业资信档案,招标人可以到有关管理部门查阅。资信程度主要应考虑企业业绩、投诉记录、被解聘的次数和原因等。

立法时之所以要求招标人在发放邀请书时,必须满足上述三项规定,是为了避免招标人弄虚作假。如果招标人有意找几个条件较差的"标托"陪衬,结果还是让内定的投标人中标,这样就失去了招标意义。

(三)议标

议标是物业管理企业在市场上随时收集潜在需求者的信息,当得知某物业管理项目有可能需要物业管理服务时及时上门争取,需求方随时接待随时商议,如果觉得某企业比较适宜立即签署合同。

(四)几种招标方式的区别

1. 信息发布方式

公开招标是在公共媒体上发布招标公告;邀请招标是用招标邀请书——传递;议标的招标人不发布信息,等待投标人主动上门协商。

2. 信息传递范围

公开招标信息面向全社会,受众可以是所有的物业管理企业;邀请招标信息只传递到拟定范围之内的个别物业管理企业;议标虽然不有意向外发布信息,但在比活跃的市场上得到信息的范围没界限,潜在投标人的数量并不一定少。

3. 程序不同

邀请招标相对来说比公开招标在运作程序上省略了几个步骤,但从现场勘察以后的程序基本上应该是一致的;议标的程序比较随意,但定标的时间比较长。

4. 竞争力不同

这里所说竞争力不同并不是说公开招标大,邀请招标竞争力小,而是说在竞争上有区别。公开招标表面上竞争面大投标人多,但投标人可能良莠不等,有实力的企业能够轻易中标。邀请招标如果是正常运作,虽然投标人少但招标人所邀请的投标人都是适宜该项目的企业,势均力敌、难分伯仲,反倒不易中标;议标不太规范,有一定的随意性,竞标时不确定因素太多,竞争比较困难。

第二节 招标的组织

招标应设立一个临时的物业管理项目招标机构。根据工作需要,物业管理招标工作应设三个小组处理有关事务。各组按工作任务划分,有些岗位的工作也可由一人同时兼任。

一、招标领导小组

（一）主要工作内容

1. 掌握全面招标工作；
2. 决定标底；
3. 决定甲方评委代表人选；
4. 督导招标工作。

（二）人员构成

1. 甲方代表

开发商或业主代表是招标方，在物业管理招标过程中，应起主要的决策作用。招标领导小组中，应以业主代表为主。

2. 专业人士

主要负责专业技术咨询和招标策划工作。

3. 政府官员

如果是政府组织开发的项目应有政府官员参加。主要是主管物业管理工作的行政领导机构负责人和主管该项目的负责人。他们主要负责宣传有关政策，并监督和指导物业管理招标工作。

二、招标工作小组

主要负责一些专业性工作和事务性工作。人数的多少与招标项目的规模和物业的类型有关。

（一）主要工作内容

1. 制作标底；
2. 制定评标标准和评标方法；
3. 资格预审；
4. 准备招标文件；
5. 散发有关文件；
6. 接待来访；
7. 组织现场勘察和投标预备会；
8. 安排决标大会会务和维持会场秩序；
9. 分数汇总；
10. 宣传工作；
11. 安排公证有关程序。

（二）人员构成

1. 业主代表

开发商或业主代表至少安排一名管理人员任组长，领导小组工作。

2. 行政人员

招标单位选调若干行政人员，担负具体工作。

3. 专业人士

根据需要，临时聘请若干与招标工作相关的专业技术人员，负责制定标底和评分标准工作。

三、评标委员会

（一）主要工作内容

1. 审阅标书；
2. 对投标单位质询；
3. 评分；
4. 决标。

(二) 人员构成

评标委员会由招标人代表和物业管理方面的专家组成，成员为5人以上的单数。

1. 业主代表

在评标委员中，业主代表应小于1/3，所挑人选尽量是熟悉该项目的有关领导。

2. 评标专家

评标是一项专业性较强的工作，应有一定数量物业管理方面的专家参加。按照国家有关规定，评标专家应为评标委员会总人数的2/3以上（详见第十四章）。

第三节 招标程序

一、招标流程图（见图7-1）

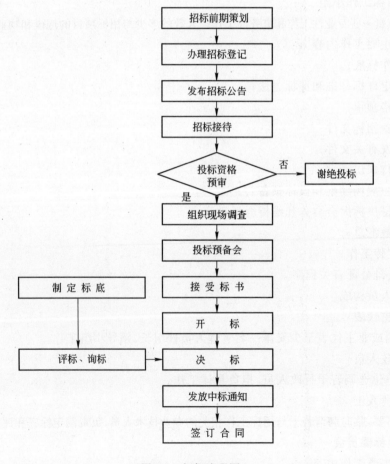

图7-1 招标流程图

二、主要环节的操作

(一)招标前期策划

招标前期策划是招标工作小组的主要工作,而且也有一定的技术含量。如果招标单位不能自己完成,也可以委托物业管理招标代理机构或咨询机构代办。招标前期策划主要工作内容有:

1. 制定招标方案(方案内容见第六章);
2. 编写招标文件(详细内容可见第八章);
3. 确定评标办法和评分标准;
4. 设定标底。

(二)办理招标备案

招标人在发布招标公告或者发出招标邀请书的10日前,到物业项目所在地的县级以上地方人民政府的房地产行政主管部门办理备案手续。办理备案手续时应该提交以下材料:

1. 与物业管理有关的物业项目开发建设的政府批件;
2. 招标公告或者招标邀请书;
3. 招标文件;
4. 法律、法规规定的其他材料。

(三)发布招标公告或招标邀请书

1. 内容

发布招标公告和招标邀请书主要是传递招标信息,其内容应该包括:招标人的名称和地址;招标项目的基本情况以及获取招标文件的办法等事项(详见第八章)。

2. 发布方式

(1)招标公告

招标公告应该通过公共传媒进行传播,一般可以用报刊、广播、电视和互联网等。国家计委指定《中国日报》、《中国经济导报》、《中国建设报》和《中国采购与招标报》为依法必须招标项目招标的公共媒介。《前期物业管理招标投标暂行条例》规定物业管理的招标:"应当在公共媒介上发布招标公告,并同时在中国住宅与房地产信息网和中国物业管理协会网上发布免费招标公告"(第八条)。

(2)投标邀请书

投标邀请书一般可以通过信函、传真和电子邮件等方式,向三个以上物业管理企业发出。

(四)接待投标报名

招标信息发布之后,潜在投标人会来人来电询问招标有关事宜和购买招标文件。如果不拟进行资格预审,招标人应安排招标工作小组人员接待回答问题和出售招标文件,对潜在投标人申请投标的,工作小组负责接待登记;如果需要资格预审,工作小组负责发放资格预审须知,核收资格预审文件。

(五)投标人资格预审

是否需要对投标人进行资格预审应当在招标文件中规定,如果招标文件已经规定需要资格预审可以对潜在的投标人进行资格预审。

实行投标资格预审的项目,招标人应当在招标公告或者投标邀请书中载明资格预审条件和获取资格预审文件的办法。按照业内的习惯,已经通过预审的潜在投标人应该交纳一定数额的投标保证金,以保证实际投标人数。

1. 资格预审主要内容

(1) 合法性审查

1) 物业管理招标,要求投标人必须是正式注册的独立企业法人;

2) 独立签约和履约能力;

3) 是否处于正常经营状态;

4) 有无违纪记录。

(2) 投标能力的审查

1) 基本情况

名称、地址、电话和资质等级等。

2) 现有管理能力

企业整体管理能力,已经管理物业的规模和剩余管理能力。主要从技术装备和项目经理情况分析,如果已经管理项目太多很难再派出高水平的项目经理,应该认为该企业缺乏现有管理能力。

3) 经验信誉

是否管理过与招标项目的规模、类型、技术难度接近的物业,以及业绩和履约情况。

4) 财务能力

资产负债情况,有无充足的流动资金。

2. 申请人须知

(1) 项目概况

1) 项目名称

2) 地点

3) 物业类型

4) 规模

5) 发包范围

6) 质量要求

7) 合同期限

(2) 资金来源

(3) 资格与合格条件要求

1) 参加资格预审的单位必须是具有独立法人资格和项目所要求的资质等级的企业。为能证明投标人符合招标人的要求,必须向招标人提供确立其法律地位和资质等级的原始文件副本(包括营业执照和资质等级证书)。

2) 参加资格预审的单位必须有管理该项目的能力和履约能力。为能表明该单位具有招标人所要求的能力,应向招标人提供:

① 过去3年完成的与招标项目近似的物业管理项目的基本情况和现在正在履行合同的物业管理项目的基本情况;

② 技术装备情况;

③ 管理人员和专业技术人员情况;

④ 最近 2 年经过审计的财务报表和下一年度财务预测报告;

⑤ 最近 2 年来涉及诉讼案件的资料。

(4) 资格预审文件一份正本,两份副本,在规定截止时间前按规定地点送达招标单位。

(5) 资格预审完全按照资格预审文件所提供的资料,做出预审是否合格的判断。物业管理企业所提供的资料必须充分、准确、详细,以便招标人正确做出判断。

(6) 资格预审合格单位没有数量限制,所以符合招标人要求资格预审合格的单位均可参加投标。

(7) 招标人向所有资格预审合格的单位发出资格预审合格通知书。资格预审合格的单位在接到通知后,以书面形式通知招标人,以确认参加投标并交纳投标押金。

3. 资格预审申请书

(1) 申请资格预审单基本情况(见表 7-1)

企 业 简 历　　　　　　　　　　表 7-1

企业注册名称				成立日期	
企业法人代表		技术职务		企业性质	
企业资格等级		经营方式			
业 务 范 围					
企 业 简 历					

(2) 骨干人员

这里所指的骨干人员不是企业的全部专业技术人员,而是企业剩余的骨干人员,即:能抽调出来的或能协调使用的专业技术人员。

(3) 技术装备

是指可以用于该项目的技术装备,其中包括专门用于该项目的技术装备,也包括可以调剂使用的技术装备。

(4) 财务

是指企业是否具备完成项目所需充足的流动资金,或有信誉的银行提供的担保文件。

4. 资格预审合格通知书

_____(企业管理企业名称)位于_____的_____项目,物业类型为_____建筑面积_____平方米　　占地面积_____平方米。经过对参加资格预审单位技术装备、人员、财务状况、信誉和以往的管理经验等方面的审查,认为贵单位的基本条件符合招标人所提出的要求,是资格预审合格单位。现就上述项目的物业管理服务,按照《前期物业管理招标投标管理暂行规办法》的规定进行招标,望收到该通知书后于　　年　　月　　日前,到_____ _____ _____ _____领取有关资料,同时交纳押金　　　　　元。

招标单位:(盖章)

法定代表人:(签字、盖章)

日期:____年____月____日

  5. 企业资格文件;

  6. 企业业绩;

  企业的业绩主要是指物业管理企业获得国家或省级物业管理示范或优秀住宅(大厦、工业区)称号。

  7. 技术装备;

  接管该项目所必备的设备。

  8. 财务状况;

  9. 项目负责人和技术骨干的简历和业绩的证明

  包括学历证明、职称证明、履历以及获奖证明等。

  10. 资格条件

  经过资格预审后,招标人应当向资格预审合格的投标申请人发出资格预审合格通知书,并告知获取招标文件和交纳投标押金的时间、地点和方法;对资格预审不合格的投标申请人,也应告知资格预审结果。

  (六)现场勘察

  《前期物业管理招标投标管理暂行办法》第十六条规定:"招标人根据物业管理项目的具体情况,可以组织潜在的投标申请人踏勘物业管理现场,并提供隐蔽工程图纸等详细资料。对投标申请人提出的疑问应当予以澄清并以书面形式发送给所有的招标文件收受人"。

  投标人要想编写出恰如其分的投标文件,就必须对物业管理项目有深刻的了解。只看资料是不能掌握物业管理区域的基本情况的,必须到现场调查并就模糊的问题在预备会上质疑。招标人应该指定负责该项目的专业技术人员回答投标人所提问题,关键问题应有书面应答材料。

  1. 为了便于投标人提出问题并得到解答,现场勘察一般安排在预备会之前1~2天。

  2. 招标人应在现场集体介绍有关情况:

  (1) 如为期房应介绍工程进度,何时能够达到招标文件所说条件。

  (2) 踏勘现场四至和环境。

  (3) 介绍设施、设备到位时间,对已到位的设施、设备应当领勘。

  (七)投标预备会

  1. 目的

  (1) 对图纸和相关资料统一解释,并对任务交底;

  (2) 介绍招标文件的主要内容;

  (3) 澄清投标单位对招标文件的疑问;

  (4) 解答现场勘察中的问题。

2. 程序

(1) 宣布投标预备会开始;

(2) 介绍参加会议的单位和主要人员;

(3) 对招标文件、图纸和相关资料作重点说明;

(4) 解答投标单位质疑;

(5) 通知有关事宜;

(6) 宣布会议结束。

3. 注意事项;

(1) 投标预备会在招标投标管理机构监督下,由招标单位主持;

(2) 所有参加会议的投标单位必须签到登记,以证明已经参加了投标预备会;

(3) 对招标单位向投标单位发放的任何资料,和投标单位向招标单位提出的问题,均以书面形式予以确认;

(4) 投标预备会结束后,招标单位尽快以书面形式将问题、解答和会议记录整理后,发送到所有投标单位。

(八) 接受投标文件

编制投标文件是一项比较复杂的工程,应该有充分合理的时间。按照国家规定:"公开招标的物业管理项目,自招标文件发出之日起至投标人提交文件截止之日止,最短不得少于20日"(《前期物业管理招标投标管理暂行办法》第十四条)。接受投标文件的时间和地点应在招标文件中事先载明。

1. 时间

现在前期物业管理招标的房地产开发商,为了早通过办理售房手续,总想缩短整个招标程序提前接受标书。这样做实际上对业主和物业管理企业都不负责任,也是法律法规所不允许的。接受投标文件的时间必须掌握在招标文件发出后的20天以上。

2. 地点

接受投标文件的地点一般设在招标投标监督管理机构或指定的服务机构,以便对其保密性进行监督控制。但如果自行招标也允许设在招标单位,不过这样操作时,应由招标投标监督管理机构或公证机构现场监督。具体投递投标文件的地点应在招标文件中载明。

3. 投标箱

投标箱预留口的大小应与招标文件中规定的投标文件大小相对应,宽度最好是比投标文件稍大一点。投标箱必须密封,经检查合格后方能使用。

(九) 制定标底

标底是招标项目的底价,是招标人工程购买、货物和服务的预算。物业管理招标是招标人购买物业管理服务的预算,是评标的主要依据之一,制定标底是物业管理招标的重要环节。此项工作应由招标工作小组召集物业管理专业人员进行。

标底和评分标准必须保密,但这又是潜在投标人都在千方百计窥探的信息,为了避免泄露,标底最好在晚些时候确定。工作小组事先应该多做一些准备工作,以便专业人员能够迅速确定标底。这样,确定标底和评分标准的时间就可以定在接受投标文件的同一天。

1. 编制物业管理项目标底的原则

(1) 标底的编制应与招标文件中对物业管理服务质量的要求相对应;

(2) 编制标底应根据招标文件提供的有关资料；
(3) 编制标底应以《物业服务收费管理办法》为依据；
(4) 标底的价格应与市场价格变化情况相吻合；
(5) 每个物业管理项目只能编制一个标底。

2. 物业管理项目招标标底的内容

(1) 物业管理项目综合说明，主要包括项目名称、服务质量要求、合同日期、物业管理区域建筑面积和用地面积等；

(2) 物业管理服务的标底价格，应包含可收费物业每单位时间的单价和合同期内物业管理服务费的总价；

(3) 标底中各项费用的说明。

3. 标底的编制方法

(1) 准备工作

准备工作由工作小组提前完成，主要应熟悉现场和招标文件的服务范围、服务标准，了解人工、能源、消耗性材料的市场价格。

(2) 计算工作量

常规服务工作量应该分项计算，目前有关物业管理服务大多还没有定额，工程量只能按行业习惯计算。因此编制标底必须请业内的专业人员完成。

(3) 确定取费标准；

(4) 计算能源消耗

1) 公共设备消耗的煤、电、油、气；
2) 公共照明用电；
3) 公共用水。

(十) 决标（详见第十二章）

(十一) 宣布中标

如果评标委员会受招标人的委托代为直接确定中标人，可以经评标委员会确定中标人后直接宣布；如果招标人要求只确定中标候选人，经评标委员会排出顺序后宣布前三名。

(十二) 发放中标通知

中标人确定后，应当及时将中标通知送达中标人。同时也应将中标结果通知所有未中标的投标人，并退还投标人所交投标文件和投标押金。

(十三) 签署合同

按照国家要求"招标人和中标人应当自中标通知发出之日起 30 日内，按照招标文件和中标人的投标文件订立书面合同；招标人和投标人不得再行订立背离合同实质性内容的其他协议。"（《前期物业管理招标投标管理暂行办法》第三十八条）。

复习思考题

1. 几种招标形式有何不同？
2. 评标委员会应由哪些人员构成？
3. 办理备案手续时应该提交哪些材料？
4. 为什么要召开投标预备会？

第八章 物业管理招标常用文件

第一节 招标公告和邀请书

在物业管理招标投标实际操作中,有时是把招标公告纳入招标文件之内,将现在我们所说的招标文件定义为招标书。这样招标文件就包括了招标公告和招标书。但也有的是把招标公告和招标文件分列为两部分。《招标投标法》第十六条规定:"招标公告应当载明招标人的姓名和地址、招标项目的性质、数量、实施地点和时间以及获取招标文件的办法等事项。"既然在招标公告中要求载明获取招标文件的办法,就说明两个文件互不包容,同时在该法律第十九条招标文件的内容里也没有包括招标公告,因此我们采用后者。

一、主要内容

(一)招标人的名称和地址

这是对招标人的简单介绍,"前期物业管理招标"招标人是企业法人,应写清法人的名称、法定代表人的姓名、注册地址等;如果是业主委员会代表业主大会所进行的"更换物业管理企业的再招标",应写清某物业管理项目业主委员会名称、业主委员会主任姓名和业主委员会办公地址等;如果招标人已经委托招标代理人组织招标,应写清代理机构的名称、法定代表人姓名和注册地址等。另外还应写清与招标人联系的办法。

(二)招标项目的性质

《招标投标法》中所说招标项目的性质,主要是指资金来源的性质和招标项目的工作性质。资金的来源主要有政府投资的基础设施项目和公共事业项目,或利用国际组织贷款、外国政府贷款、援助资金等的项目。招标项目的工作性质可分为土建工程招标、设备采购招标、勘察设计招标、科研课题招标和某些服务招标等。

招标项目的性质应该从几个不同的角度来研究:

1. 工作性质

招标投标的性质是工程、货物采购和服务的交易方式,究竟该招标投标属于哪一类应予说明。物业管理招标的工作性质是公众服务。

2. 资金来源

项目实施的资金来源主要分为:国有资金、国家融资、国际组织或者外国政府贷款、援助项目等。物业管理招标的项目资金来源不一,政府机关办公用房的招标其资金源于政府核拨的财政经费;异产毗连房屋的招标资金源于公众集资;单一业主物业的招标资金源于产权人自筹。

3. 项目的类别

常见的招标投标主要是工程建设项目和政府采购等,物业管理招标投标比较特殊,属于公众服务类。

（三）数量

招标项目的数量是指把招标项目具体量化，如：工程量、供应量等。物业管理招标如果是常规的综合服务一般以该项目物业的建筑面积为准；如果是某专项服务，根据服务具体内容量化。

（四）实施地点和时间

实施地点是指招标项目的实际操作地点，物业管理招标就是项目所在地。

实施时间是指落实招标项目的时间，如：交货日期、施工工期和服务的起讫时间等。物业管理的招标是指提供物业管理服务的时间段，即物业服务合同期。

（五）投标截止日

投标截止日是指投标报名的最后期限，而不是投递投标文件的最后期限。

（六）获取招标文件的办法

招标文件可以收取一定的费用，招标公告应将招标文件的出售地点、出售价格、出售时间和招标人或其代理人的开户银行和账号等公诸于众。

（七）招标人联系办法

包括联系人、联系电话、通讯地址和电子信箱等。

二、参考文本

（一）招标公告

招 标 公 告

一、_____（开发建设单位或业主委员会）的_____（项目名称），占地面积_____平方米，建筑面积_____平方米，现通过公开招标选聘物业管理单位。

二、服务质量要求达到的标准（如果是普通住宅而且服务质量就简单地要求达到《普通住宅小区物业管理服务等级标准》的某个级别，或者服务标准要求达到《全国城市物业管理优秀住宅小区（或大厦、工业区）达标办法》，可在此直接写明。如果对服务质量有更具体的要求，可在招标文件中提出要求，该条删掉）。

三、投标单位的资质等级必须是_____级以上的物业管理企业，愿意参加投标的单位，可携带营业执照、物业管理企业资质等级证书向招标人领取（或购买）招标文件。

四、招标工作安排

（一）发放招标文件

1. 单位：（可以是招标人，也可以是代理人）
2. 时间：
　　　年　　月　　日起至　　年　　月　　日止，每日办公时间为：
3. 招标文件的售价为：
4. 发售地点：

（二）投标地点及时间：

（三）现场勘察时间：

（四）投标预备会的时间：

（五）投标截止时间：　　年　　月　　日　　时

（六）开标时间：　　年　　月　　日　　时
（七）开标地点：
招标单位：（盖章）
法定代表人：（签字、盖章）
地址：
邮政编码：
联系人：
电话：
日期：　　年　　月　　日
（二）招标邀请书

招 标 邀 请 书

_____（被邀请的物业管理企业名称）：

一、_____（开发建设单位或业主委员会）的_____（项目名称），占地面积_____平方米，建筑面积_____平方米，现通过邀请招标选聘物业管理单位。

二、服务质量要求达到的标准（如果是普通住宅而且服务质量就简单地要求达到《普通住宅小区物业管理服务等级标准》的某个级别，或者服务标准要求达到《全国城市物业管理优秀住宅小区（或大厦、工业区）达标办法》，可在此直接写明。如果对服务质量有更具体的要求，可在招标文件中提出要求，该条删掉）。

三、投标单位的资质等级必须是_____级以上的物业管理企业，贵单位如愿意参加投标，可携带营业执照、物业管理企业资质等级证书向招标人领取（或购买）招标文件。

四、本次招标采用资格预审（如不采用资格预审可不设该条），资格条件是：_____。

五、招标工作安排
（一）发放招标文件
1. 单位：（可以是招标人也可以是代理人）
2. 时间：
　　　年　　月　　日起至　　年　　月　　日止，每日办公时间为：
3. 招标文件的售价为：
4. 发售地点：
（二）投标地点及时间：
（三）现场勘察时间：
（四）投标预备会的时间：
（五）投标截止时间：　　年　　月　　日　　时
（六）开标时间：　　年　　月　　日　　时
（七）开标地点：
招标单位：（盖章）
法定代表人：（签字、盖章）
地址：

邮政编码：
联系人：
电话：
日期： 年 月 日

第二节 招 标 文 件

招标文件是物业管理招投标活动中的法律文件，是招标投标过程中各个环节运作的基础，是投标人参加投标的依据。

一、招标文件的作用

（一）确定权利义务关系

这里所说的权利义务关系是指招标人和投标人的权利义务关系。招标投标活动结束后，招标人和中标人的权利义务关系是用合同来确定；招标投标活动结束前，招标人和投标人的权利义务关系是用招标文件来确定。招标文件中已经明示了交易条件，要求潜在的市场供给方必须按要求参加投标。换言之，只要参加投标就表明投标人已经接受招标人所提的一切条件。招标人和投标人在整个招标投标活动中，都应按照招标文件的规定进行，招投标双方均应受招标文件的约束。

（二）投标的依据

招标文件是投标人了解招标人招标意图的依据，是投标决策的基础。投标人有关投标策略和投标文件的编制，都是以招标文件为依据。

（三）签定合同的基础

如果合同主要条款不事先明确，一旦招标工作结束，招标人与中标人必然讨价还价，很难达成一致意见签署合同。因此在招标文件中，应说明合同是否采用国家示范文本、合同主要内容和附录等。招标文件中对服务质量、检验标准和收费计算办法等都应予以说明，并成为签订合同的依据。

二、招标文件的内容

（一）招标人及招标项目简介

1. 招标人名称
2. 招标人地址
3. 联系方式

（二）招标项目基本情况介绍

1. 区位地点和四至
2. 面积

占地面积和建筑面积

3. 项目性质

包括物业的类型（住宅、写字楼、公建、工业厂房）、经济适用房、普通住宅、公寓、别墅等。

4. 园林指标

不同的植物有不同的养护成本，应将园林总体规划和绿化指标详细介绍。如表8-1和表8-2所示。

总园林规划 表 8-1

序号	内容	单位	数量	序号	内容	单位	数量
1	园林规划总面积			7	园灯		
2	绿地面积			8	座凳		
3	植物种类			9	沙坑		
4	花架			10	景墙		
5	花坛			11	水池		
6	花钵			12	厅步		

园林绿化指标 表 8-2

序号	内容	单位	数量	序号	内容	单位	数量
1	花坛			9	迎春		
2	网球场			10	大叶黄杨		
3	草坪灯			11	西府海棠		
4	雪松			12	金叶女贞		
5	刺柏			13	紫叶小檗		
6	法桐			14	月季		
7	栾树			15	三季草花		
8	石榴			16	草坪		

5．使用功能分布

(1) 各楼使用功能；

(2) 每层楼使用功能；

(3) 不同区域使用功能分布。

6．外装修部分

外装修材料不同影响到清洁和养护成本的大小，应详细介绍材料、材质、品种等。

7．各种设施的设置

物业管理服务成本中，设施设备使用运行和维护成本所占比例很大，主要包括能源消耗费用和维修养护费用。设施设备的质量、数量、型号以及生产厂家等诸多因素对服务成本均有影响，必须一一列出。

(1) 供电系统

1) 电源

外线进口位置，变电站的规模，是否采用双电源、双回路供电系统。

2) 电费计量

每户采用计量方式，是否单独计量并配有预付费磁卡表。

(2) 通讯

楼内是否设有电话通讯系统，在各层预留接线端子盒。

(3) 电视

接收方式

① 是否采用独立卫星电视;
② 是否有闭路电视和闭路接收系统;
③ 可接收多少套节目;
④ 预留分配器箱的分布。
(4) 消防设备
1) 有无集中型火灾自动报警及联动系统;
2) 消防控制室的位置;
3) 探测器的分布和类型;
4) 手动报警开关、区域显示器、消火栓起动报警按钮等的位置;
5) 是否设有火灾事故广播;
6) 疏散指示灯、事故照明;
7) 是否设置消防电源和非消防电源自动切换。
(5) 电梯
1) 种类

客梯、货梯、消防电梯;

2) 各类数量;
3) 型号;
4) 生产厂家;
5) 速度;
6) 载重量。
(6) 防盗对讲

是否设有防盗对讲机,是否可视,分布情况。

(7) 供水
1) 供水类别

普通自来水、热水、中水等。

2) 供水方式

有无二次供水设备、蓄水设备等。

(8) 排水

排水管线的走向以及外网连接的位置等。

(9) 采暖
1) 热源;
2) 换热站位置;
3) 输送管线。
(10) 厨、卫通风管道
(11) 楼梯间通风设备
(12) 燃气
1) 气源种类;
2) 调压箱位置。

附录:设施设备清单(各楼设施设备应分门别类列表介绍)

1) 各楼楼内电气设备清单(见表 8-3 和表 8-4)

设施设备清单之一(单位:台)　　　　表 8-3

序号	位置	名称	代号、规格型号	数量	厂家
1		低压配电柜			
2		双电源动力箱			
3		备用电源			
4		循环水泵变频柜			
5		双电源动力柜			
6		生活变频柜			
7		照明配电箱			
8		对讲主机			
9		报箱			
10		分户电表箱			
11		分户开关箱			
12		动力箱			
13		消防增压控制柜			
	合计				

设施设备清单之二(单位:台/只)　　　　表 8-4

序号	名称	规格型号	数量	厂家
一	电梯			
1				
2				
二	消防设备			
1	离子感烟探测器			
2	电子定温探测器			
3	地址编码底座			
4	地址编码盒			
5	控制盒			
6	手动按钮			
7	通用火灾报警控制柜			
8	楼层显示器			
9	串行接口			
10	联动控制柜			
11	广播柜			
12	消防电话中心			
13	端子箱			
14	十六路继电器卡			

续表

序 号	名 称	规格型号	数 量	厂 家
15	吸顶喇叭箱			
16	广播模块			
17	电话模块			
18	电话插孔			
19	电 话 机			
20	备 电			
21	消火栓按钮			
三	电视设备			
1	卫星天线			
2	卫星天线			
3	双极化馈源			
4	高 频 头			
5	功 分 器			
6	功 分 器			
7	功 分 器			
8	卫星接收机			
9	数字卫星接收机			
10	MMDS 接收天线			
11	MMDS 下变频器			
12	开 路 天 线			
13	开 路 天 线			
14	天 线 杆			
15	避 雷 器			
16	解 密 机			
17	解 调 器			
18	调 制 器			
19	混 合 器			
20	机 柜			
21	机 柜			
22	电 源 板			
23	净化稳压电源			
24	监 视 器			
25	前端放大器			
26	电 缆			
27	电 缆			
28	附 料			
四	电 脑			

2) 各楼供水设备清单(表8-5)

供 水 设 备 清 单　　　　　　　　　　　　　　表8-5

序号	位置	名称	技术参数、型号	数量	厂家
1	地下水泵房	生活变频泵			
2		热水循环泵			
3		半即热式换热器			
4		生活断流水箱			
5		排污泵			
6	顶层设备间	消防增压泵			
7		消防水箱			
8	地下室	排烟风机			
9	顶层设备间	加压送风机			
10		壁式风机			

3) 各楼供热设备清单(表8-6)

供 热 设 备 清 单　　　　　　　　　　　　　　表8-6

序号	位置	名称	技术参数、型号	数量	厂家
1	地下换热站	方型水箱			
2		集水器(低区)			
3		集水器(高区)			
4		除污器(低区)			
5		除污器(高区)			
6		电子水处理仪(低区)			
7		电子水处理仪(高区)			
8		板式换热器(低区)			
9		板式换热器(高区)			
10		循环水泵(低区)			
11		循环水泵(高区)			
12		定压水泵(低区)			
13		定压水泵(高区)			
14	地下排污泵	排污泵			
15		排污泵			
16	屋顶	消防增压泵			
17		消防水箱			
18	地下室	排烟风机			
19	屋顶	加压送风机			
20		壁式风机			

8. 物业管理区域平面布置

(1) 总平面图;

(2) 各建筑物功能简介;

(3) 各种设施设备分布;

(4) 绿地和园林小品的分布。

9. 管理用房的配备

(三) 技术要求

所谓技术要求在物业管理招标投标中是指对服务的内容和质量的要求。服务的内容应写清是常规性的综合服务 还是某一个专项服务。质量要求主要体现在服务质量的技术指标和检查方法。招标人应按需求意愿和支付能力提出,在招标实践中常见的情况有以下几种:

1. 只提限制条件,服务质量的技术指标由投标人确定

一般遇到这种情况大多是物业管理收费标准已经确定,决标时以服务质量为竞争的主要指标。

2. 不限制条件,服务指标由投标人确定

有的招标项目招标人并不提出限制条件,投标人在投标文件中自己指定服务标准和投标报价。评委在决标时,以投标文件中的"质""价"比定标,也就是以服务质量和收费标准两方面因素竞争。

3. 招标人提出原则要求由投标人具体定质量标准

招标人有时只对原则提出要求(如:服务档次),而由投标人确定具体的服务质量标准。

4. 提出具体要求

招标人制定出具体的服务质量技术指标和检查方法,要求投标人必须达到招标人预期水平。

5. 按国家制定的有关标准

国家已经出台的物业管理服务质量标准全国物业管理示范住宅小区标准、全国物业管理示范大厦标准、全国物业管理示范工业区标准和普通住宅小区物业管理服务等级标准。如果招标人要求较高可以选用示范标准;如果要求较低可以选用普通等级标准。普通等级标准分为三级,可以根据自己要求任选,但只限于住宅,非住宅不能使用。详见第十四章附录。示范标准分为三类,用于评审物业管理国家示范项目,物业管理招标可以借用。如果认为有些条款过于原则,也可在此基础上细化。现将示范项目标准列于表 8-7、表 8-8 和表8-9之中。

附1: 全国物业管理示范住宅小区标准 表 8-7

序 号	标 准 内 容
(一) 基础管理	1. 按规划要求建设,住宅及配套设施投入使用
	2. 已办理接管验收手续
	3. 由一家物业管理公司实施统一专业化管理
	4. 建设单位在销售房屋前,与选聘的物业管理企业签订物业管理合同,双方责权利明确
	5. 在房屋销售合同签订时,购房人与物业管理企业签订前期物业管理协议,双方责权利明确
	6. 建立维修基金,其管理、使用、续筹符合有关规定

续表

序 号		标 准 内 容
(一) 基础管理	7. 房屋使用手册、装饰装修管理规定及业主公约等各项公众制度完善
	8. 业主委员会按规定程序成立,并按章程履行职责
	9. 业主委员会与物业管理企业签订物业管理合同,双方责权利明确
	10. 物业管理企业制订争创规划和具体实施方案,并经业主委员会同意
	11. 小区物业管理建立健全各项管理制度、各岗位工作标准,并制定具体的落实措施和考核方法
	12. 物业管理企业的管理人员与专业技术人员持证上岗;员工统一着装,配戴明显标志,工作规范,作风严谨
	13. 物业管理企业应用计算机、智能化设备等现代化管理手段,提高管理效率
	14. 物业管理企业在收费、财务管理、会计核算、税收等方面执行有关规定;至少每半年公开一次物业管理服务费用收支情况
	15. 房屋及共用设施设备档案资料齐全,分类成册,管理完善,查阅方便
	16. 建立住用户档案、房屋及其配套设施权属清册,查阅方便
	17. 建立24小时值班制度,设立服务电话,接受业主和使用人对物业管理服务报修、求助、建议、问询、质疑、投诉等各类信息的收集和反馈,并及时处理,有回访制度和记录
	18. 定期向住用户发放物业管理服务工作征求意见单,对合理建议及时整改,满意率达98%以上
	19. 建立并落实便民维修服务承诺制,零修、急修及时率100%、返修率不高于1%,并有回访记录
(二) 房屋管理 与维修养护	1. 主出入口设有小区平面示意图,主要路口设有路标,组团及幢、单元(门)、户门标号标志明显
	2. 无违反规划私搭乱建,无擅自改变房屋用途现象
	3. 房屋外观完好、整洁,外墙面砖、涂料等装饰材料无脱落、无污迹
	4. 室外招牌、广告牌、霓虹灯按规定设置,保持整洁、统一、美观,无安全隐患或破损
	5. 封闭阳台统一有序,色调一致,不超出外墙面;除建筑设计有要求外,不得安装外廊或户外防盗网、晾晒架、遮阳篷等
	6. 空调安装位置统一,冷凝水集中收集,支架无锈蚀
	7. 房屋装饰装修符合规定,未发生危及房屋结构安全及拆改管线和损害他人利益的现象
(三) 共用设施 设备管理	1. 共用配套设施完好,无随意改变用途
	2. 共用设施设备运行、使用及维护按规定要求有记录,无事故隐患,专业技术人员和维护人员严格遵守操作规程与保养规范
	3. 室外共用管线统一入地或入公关管道,无架空管线,无碍观瞻
	4. 排水、排污管道畅通,无堵塞外溢现象
	5. 道路通畅,路面平整;井盖无缺损、无丢失,路面井盖不影响车辆和行人通行
	6. 供水设备运行正常,设施完好,无渗漏、无污染;二次生活用水有严格的保证措施,水质符合卫生标准;制定停水及事故处理方案
	7. 制定供电系统管理措施并严格执行,记录完整,供电设备运行正常,配电室管理符合规定,路灯、楼道灯等公共照明设备完好
	8. 电梯按规定或约定时间运行,安全设施齐全,无安全事故;轿厢、井道保持清洁;电梯机房通风、照明良好;制定出现故障后的应急处理方案
	9. 三北地区,冬季供暖室内温度不低于16℃

续表

序号	标准内容
（四）保安消防车辆管理	1. 小区基本上实行封闭式管理 2. 有专业保安队伍，实行24小时值班及巡逻制度；保安人员熟悉小区的环境，文明值勤，训练有素，言语规范，认真负责 3. 危及人身安全处有明显标志和具体的防范措施 4. 消防设备设施完好无损，可随时起作用；消防通道畅通；制定消防应急方案 5. 机动车停车场管理制度完善，管理责任明确，车辆进出有登记 6. 非机动车辆管理制度完善，按规定位置停放，管理有序
（五）环境卫生管理	1. 环卫设备完备，设有垃圾箱、果皮箱、垃圾中转站 2. 清洁卫生实行责任制，有专职清洁人员和明确的责任范围，实行标准化保洁 3. 垃圾日产日清，定期进行消毒灭杀 4. 房屋共用部位共用设施设备无蚁害 5. 小区内道路等共用场地无纸屑、烟头等废弃物 6. 房屋共用部位保持清洁，无乱贴、乱画，无擅自占用和堆放杂物现象；楼梯扶栏、天台、公共玻璃窗等保持清洁 7. 商业网点管理有序，符合卫生标准；无乱设摊点、广告牌和乱贴、乱画现象 8. 无违反规定饲养宠物、家禽、家畜 9. 排放油烟、噪声等符合国家标准，外墙无污染
（六）绿化管理	1. 小区内绿地布局合理，花草树木与建筑小品配置得当 2. 绿地无改变使用用途和破坏、践踏、占用现象 3. 花草树木长势良好，修剪整齐美观，无病虫害，无折损现象，无斑秃 4. 绿地无纸屑、烟头、石块等杂物
（七）精神文明建设	1. 开展有意义、健康向上的社区文化活动 2. 创造条件，积极配合、支持并参与社区文化建设
（八）管理效益	1. 物业管理服务费用收缴率98％以上 2. 提供便民有偿服务，开展多种经营 3. 本小区物业管理经营状况

附2： 全国物业管理示范大厦标准　　　　　　表8-8

序号	标准内容
（一）基础管理	1. 按规划要求建设，房屋及配套设施投入使用 2. 已办理接管验收手续 3. 由一家物业管理企业实施统一专业化管理 4. 建设单位在租售大厦前，与选聘的物业管理企业签订物业管理合同，双方责权利明确 5. 在房屋销售合同签订时，购房人与物业管理企业签订前期物业管理服务协议，双方责权利明确 6. 建立维修基金，其管理、使用、续筹符合有关规定 7. 房屋使用手册、装饰装修管理规定及业主与使用人公约等各项公众制度完善 8. 业主委员会按规定程序成立，并按章程履行职责 9. 业主委员会与物业管理企业签订物业管理合同，双方责权利明确

（一）基础管理	10. 物业管理企业制定争创规划和具体实施方案,并经业主委员会同意
	11. 大厦物业管理建立健全各项管理制度、各岗位工作标准,并制定具体落实措施和考核办法
	12. 物业管理企业的管理人员和专业技术人员持证上岗;员工统一着装,配戴明显标志,工作规范、作风严谨
	13. 物业管理企业应用计算机、智能化设备等现代化管理手段,提高管理效率
	14. 物业管理企业在收费、财务管理、会计核算、税收等方面执行有关规定;至少每半年公布一次物业管理服务费用收支情况
	15. 房屋及其公用设施设备档案资料齐全,分类成册,管理完善,查阅方便
	16. 建立住用户档案、房屋及其配套设施权属清册,查阅方便
	17. 建立24小时值班制度,建立服务电话,接受业主和使用人对物业管理服务报修、求助、建议、问询、质疑、投诉等各类信息的收集和反馈,并及时处理,有回访制度和记录
	18. 定期向住用户发放物业管理服务工作征求意见单,对合理建议及时整改,满意率达98%以上
	19. 建立并落实维修服务承诺制;零修及时率100%、返修率不高于1%,并有回访记录
（二）房屋管理及维修养护	1. 大厦、栋号、楼层、房号标志明显,大堂内布置合理,并设立引路方向平面图,驻大厦各单位名录标志在大堂内显著位置
	2. 无违反规划私搭乱建,无擅自改变房屋用途现象
	3. 大厦外观完好、整洁,外墙是建材贴面的,无脱落;是玻璃幕墙的,清洁明亮、无破损;是涂料的,无脱落、无污渍,无乱贴、乱涂、乱画和乱悬挂现象
	4. 室外招牌、广告牌、霓虹灯按规定设置,保持整洁、统一、美观,无安全隐患和破损
	5. 空调安装位置统一,冷凝水集中收集,支架无锈蚀
	6. 封闭阳台统一有序,色调一致,不超出外墙面;除建筑设计有要求外,不得安装外廊及户外防盗网、晾晒架、遮阳篷等
	7. 房屋装饰装修符合规定,未发生危及房屋结构安全及拆改管线和损害他人利益的现象
（三）共用设备管理	[Ⅰ] 综合要求
	1. 制订设备安全运行、岗位责任制、定期巡回检查、维护保养、运行记录管理、维修档案等管理制度,并严格执行
	2. 设备及机房环境整洁,无杂物、灰尘,无鼠、虫害发生,机房环境符合设备要求
	3. 配备所需专业技术人员,严格执行操作规程
	4. 设备良好,运行正常,一年内无重大责任事故
	[Ⅱ] 供电系统
	1. 保证正常供电,限电、停电有明确的审批权限并按规定时间通知住用户
	2. 制定临时用电管理措施与停电应急处理措施、并严格执行
	3. 备用应急发电机可随时启用
	[Ⅲ] 弱电系统
	1. 按工作标准规定时间排除故障,保证各弱电系统正常工作
	2. 监控系统等智能化设施设备运行正常,有记录并按规定期限保存
	[Ⅳ] 消防系统

		1. 消防控制中心24小时值班,消防系统设施设备齐全、完好无损,可随时启用
		2. 消防管理人员掌握消防设备设施的使用方法并能及时处理各种问题
		3. 组织开展消防法规和消防知识的宣传教育,明确各区域消防责任人
		4. 订有突发火灾应急方案,社区消防疏散示意图,照明设施、引路标志完好,紧急疏散通道畅通
		5. 无火灾安全隐患
	[Ⅴ] 电梯系统	
		1. 电梯准用证、年检合格证、维修保养合同完备
		2. 电梯按规定时间运行,安全设施齐全,通风、照明及附属设施完好
		3. 轿箱、井道、机房保持清洁
		4. 电梯由专业队伍维修保养,维修、保养人员持证上岗
		5. 运行出现故障后,维修人员应在规定时间内到达现场维修
		6. 运行出现险情后,应有排除险情的应急处理措施
	[Ⅵ] 给排水系统	
		1. 建立大厦用水、供水管理制度,积极协助用户安排合理的用水和节水计划
(三) 共用 设备管理		2. 设备、阀门、管道工作正常,无跑、冒、滴、漏
		3. 按规定对二次供水蓄水池设施设备进行清洁、消毒;二次供水卫生许可证、水质化验单、操作人员健康合格证齐全;水池、水箱清洁卫生,无二次污染
		4. 高压水泵、水池、水箱有严格的管理措施,水池、水箱周围无污染隐患
		5. 限水、停水按规定时间通知住用户
		6. 排水系统通畅,汛期道路无积水,地下室、车库、设备房无积水、浸泡发生
		7. 遇有事故,维修人员在规定时间内进行抢修,无大面积跑水、泛水,长时间停水现象
		8. 制定事故应急处理方案
	[Ⅶ] 空调系统	
		1. 中央空调系统运行正常,水塔运行正常且噪声不超标,无严重滴、漏水现象
		2. 中央空调系统出现运行故障后,维修人员在规定时间内到达现场维修
		3. 制订中央空调发生故障应急处理方案
	[Ⅷ] 供暖供气系统	
		1. 锅炉供暖设备、煤气设备、燃气设备完好,运行正常
		2. 管道、阀门无跑、冒、滴、漏现象及事故隐患
		3. 北方地区冬季供暖室内温度不得低于16℃
(四) 共用 设施管理		1. 共用配套服务设施完好,无随意改变用途
		2. 共用管线统一下地或入公共管道,无架空管线,无碍观瞻
		3. 道路、楼道、大堂等公共照明完好
		4. 大厦范围内的道路通畅,路面平坦
(五) 保安 及车辆管理		1. 大厦基本实行封闭式管理
		2. 有专业保安队伍,实行24小时值班及巡逻制度;保安人员熟悉大厦环境,文明执勤,训练有素,言语规范,认真负责

续表

（五）保安及车辆管理	3. 结合大厦特点制订安全防范措施	
	4. 进出大厦各种车辆管理有序，无堵塞交通现象，不影响行人通行	
	5. 大厦外停车场有专人疏导，管理有序，排列整齐	
	6. 室内停车场管理严格，出入登记	
	7. 非机动车辆有集中停放场地，管理制度落实，停放整齐，场地整洁	
	8. 危及人身安全处有明显标志和防范措施	
（六）环境卫生管理	1. 环卫设施完备，设有垃圾箱、果皮箱、垃圾中转站	
	2. 清洁卫生实行责任制，有专职清洁人员和明确的责任范围，实行标准化清洁保洁	
	3. 垃圾日产日清，定期进行卫生消毒灭杀	
	4. 房屋共用部位保持清洁，无乱倒、乱画，无擅自占用和堆放杂物现象；大堂、楼梯、扶梯、天台、共用玻璃窗等保持洁净；大厦内共用场地无纸屑、烟头等废弃物	
	5. 商业网点管理有序，符合卫生标准；无乱设摊点、广告牌和乱贴、乱画现象	
	6. 无违反规定饲养宠物、家禽、家畜	
	7. 大厦内排烟、排污、噪声等符合国家环保标准，外墙无污染	
（七）绿化管理	1. 绿地无改变使用用途和破坏、践踏、占用现象	
	2. 花草树木长势良好，修剪整齐美观，无病虫害，无折损现象，无斑秃	
	3. 绿地无纸屑、烟头、石块等杂物	
	4. 对大厦内部、天台、屋顶等绿化有管理措施并落实	
（八）精神文明建设	1. 全体业主及使用人能自觉维护公众利益，遵守大厦的各项管理规定	
	2. 设有学习宣传园地，开展健康向上的活动	
	3. 大厦内的公共娱乐场所未发生重大违法违纪案件	
（九）管理效益	1. 物业管理服务费用收缴率98%以上	
	2. 提供有偿服务，开展多种经营	
	3. 本大厦物业管理经营状况	

附3： 全国物业管理示范工业区标准 表8-9

序号	标 准 内 容
（一）基础管理	1. 按规划要求建设，房屋及配套设施投入使用
	2. 已办理接管验收手续
	3. 由一家物业管理企业实施统一专业化管理
	4. 建设单位在租售厂房前，与选聘的物业管理企业签订物业管理合同，双方责权利明确
	5. 在房屋销售合同签订时，购房人与物业管理企业签订前期物业管理服务协议，双方责权利明确
	6. 建立维修基金，其管理、使用、续筹符合有关规定
	7. 房屋使用手册、装饰装修管理规定及业主与使用人公约等各项公众制度完善
	8. 业主委员会按规定程序成立，并按章程履行职责
	9. 业主委员会与物业管理企业签订物业管理合同，双方责权利明确
	10. 物业管理企业制定争创规划和具体实施方案，并经业主委员会同意
	11. 工业区物业管理建立健全各项管理制度、各岗位工作标准，并制定具体落实措施和考核办法

续表

序号		标 准 内 容
（一）基础管理	12.	物业管理企业的管理人员和专业技术人员持证上岗；员工统一着装，配戴明显标志，工作规范、作风严谨
	13.	物业管理企业应用计算机、智能化设备等现代化管理手段，提高管理效率
	14.	物业管理企业在收费、财务管理、会计核算、税收等方面执行有关规定；至少每半年公布一次物业管理服务费用收支情况
	15.	房屋及其公用设施设备档案资料齐全，分类成册，管理完善，查阅方便
	16.	建立住用户档案、房屋及其配套设施权属清册，查阅方便
	17.	建立24小时值班制度，建立服务电话，接受业主和使用人对物业管理服务报修、求助、建议、问询、质疑、投诉等各类信息的收集和反馈，并及时处理，有回访制度和记录
	18.	定期向住用户发放物业管理服务工作征求意见单，对合理建议及时整改，满意率达98%以上
	19.	建立并落实维修服务承诺制；零修及时率100%、返修率不高于1%，并有回访记录
（二）房屋管理及维修养护	1.	区内各建筑物标志明显，设立引路方向平面图和路标，驻工业区各单位名录标志在区内显著位置，企业铭牌及各类标志牌统一有序
	2.	无违反规划私搭乱建，无擅自改变房屋用途现象
	3.	房屋外观完好、整洁，外墙是建材贴面的，无脱落；是玻璃幕墙的，清洁明亮、无破损；是涂料的，无脱落、无污渍，无乱贴、乱涂、乱画和乱悬挂现象
	4.	室外招牌、广告牌、霓虹灯按规定设置，保持整洁、统一、美观，无安全隐患和破损
	5.	空调安装位置统一，冷凝水集中收集，支架无锈蚀
	6.	区内住宅封闭阳台统一有序，色调一致，不超出外墙面；除建筑设计有要求外，不得安装外廊及户外防盗网、晾晒架、遮阳篷等
	7.	楼宇内楼梯、走道、扶手、天花板、吊顶等无破损；墙壁整洁，无乱张贴；共用部位门窗、灯具、开关等功能良好，卫生间、水房等管理完好
	8.	共用楼梯、天台、通道、卸货平台等处无堆放工业原料、废料、杂物及违章占用等，天台隔热层无破损
	9.	房屋装饰装修符合规定，未发生危及房屋结构安全及拆改管线和损害他人利益的现象
	10.	机器设备单位重量不超过楼板承重限度，无危及建筑物结构的安全隐患
（三）共用设备管理	[Ⅰ]	综合要求
	1.	制订设备安全运行、岗位责任制、定期巡回检查、维护保养、运行记录管理、维修档案等管理制度，并严格执行
	2.	设备及机房环境整洁，无杂物、灰尘，无鼠、虫害发生，机房环境符合设备要求
	3.	配备所需专业技术人员，严格执行操作规程
	4.	设备良好，运行正常，一年内无重大责任事故
	[Ⅱ]	供电系统
	1.	保证正常供电，限电、停电有明确的审批权限并按规定时间通知住用户
	2.	制定临时用电管理措施与停电应急处理措施并严格执行
	3.	备用应急发电机可随时启用
	[Ⅲ]	弱电系统

续表

序 号		标 准 内 容
（三）共用设备管理		1. 按工作标准规定时间排除故障，保证各弱电系统正常工作
		2. 监控系统等智能化设施设备运行正常，有记录并按规定期限保存
	[Ⅳ] 消防系统	
		1. 消防控制中心 24 小时值班，消防系统设施设备齐全、完好无损，可随时启用
		2. 消防管理人员掌握消防设备设施的使用方法并能及时处理各种问题
		3. 组织开展消防法规和消防知识的宣传教育，明确各区域消防责任人
		4. 订有突发火灾应急方案，社区消防疏散示意图，照明设施、引路标志完好，紧急疏散通道畅通
		5. 无火灾安全隐患
	[Ⅴ] 电梯系统	
		1. 电梯准用证、年检合格证、维修保养合同完备
		2. 电梯按规定时间运行，安全设施齐全，通风、照明及附属设施完好
		3. 轿箱、井道、机房保持清洁
		4. 电梯由专业队伍维修保养，维修、保养人员持证上岗
		5. 运行出现故障后，维修人员应在规定时间内到达现场维修
		6. 运行出现险情后，应有排除险情的应急处理措施
	[Ⅵ] 给排水系统	
		1. 建立工业区用水、供水管理制度，积极协助用户安排合理的用水和节水计划
		2. 设备、阀门、管道工作正常，无跑、冒、滴、漏
		3. 按规定对二次供水蓄水池设施设备进行清洁、消毒；二次供水卫生许可证、水质化验单、操作人员健康合格证齐全；水池、水箱清洁卫生，无二次污染
		4. 高压水泵、水池、水箱有严格的管理措施，水池、水箱周围无污染隐患
		5. 限水、停水按规定时间通知住用户
		6. 排水系统通畅，汛期道路无积水，地下室、车库、设备房无积水、浸泡发生
		7. 遇有事故，维修人员在规定时间内进行抢修，无大面积跑水、泛水，长时间停水现象
		8. 制定事故应急处理方案
	[Ⅶ] 空调系统	
		1. 中央空调系统运行正常，水塔运行正常且噪声不超标，无严重滴漏水现象
		2. 中央空调系统出现运行故障后，维修人员在规定时间内到达现场维修
		3. 制订中央空调发生故障应急处理方案
	[Ⅷ] 供暖供气系统	
		1. 锅炉供暖设备、煤气设备、燃气设备完好，运行正常
		2. 管道、阀门无跑、冒、滴、漏现象及事故隐患
		3. 北方地区冬季供暖室内温度不得低于 16℃
（四）共用设施管理		1. 共用配套服务设施完好，无随意改变用途
		2. 共用管线统一下地或入公共管道，无架空管线，无碍观瞻
		3. 道路、楼道、大堂等公共照明完好
		4. 工业区范围内的道路通畅，路面平坦

续表

序号	标 准 内 容
（五）保安及车辆管理	1. 工业区基本实行封闭式管理
	2. 有专业保安队伍，实行24小时值班及巡逻制度；保安人员熟悉工业区环境，文明执勤，训练有素，言语规范，认真负责
	3. 结合工业区特点制订安全防范措施
	4. 进出工业区各种车辆管理有序，无堵塞交通现象，不影响行人通行
	5. 工业区内停车场有专人疏导，管理有序，排列整齐
	6. 室内停车场管理严格，出入登记
	7. 非机动车辆有集中停放场地，管理制度落实，停放整齐，场地整洁
	8. 危及人身安全处有明显标志和防范措施
（六）环境卫生管理	1. 环卫设施完备，设有垃圾箱、果皮箱、垃圾中转站
	2. 清洁卫生实行责任制，有专职清洁人员和明确的责任范围，实行标准化清洁保洁
	3. 垃圾日产日清，定期进行卫生消毒灭杀
	4. 对有毒、有害工业垃圾管理严格按规定分装，不得与其他垃圾混装
	5. 房屋共用部位保持清洁，无乱贴、乱画，无擅自占用和堆放杂物现象；大堂、楼梯、扶梯、天台、共用玻璃窗等保持洁净；工业区内共用场地无纸屑、烟头等废弃物
	6. 商业网点管理有序，符合卫生标准；无乱设摊点、广告牌和乱贴、乱画现象
	7. 无违反规定饲养宠物、家禽、家畜
	8. 工业区内排烟、排污、噪声等符合国家环保标准，外墙无污染
（七）绿化管理	1. 绿地无改变使用用途和破坏、践踏、占用现象
	2. 花草树木长势良好，修剪整齐美观，无病虫害，无折损现象，无斑秃
	3. 绿地无纸屑、烟头、石块等杂物
（八）精神文明建设	1. 全体业主及使用人能自觉维护公众利益，遵守工业区的各项管理规定
	2. 设有学习宣传园地，宣传工业区管理、卫生、治安、消防等方面知识，开展健康向上的活动；宿舍区设信息公告栏；设有文化体育活动场所
	3. 区内的公共娱乐场所未发生重大违法违纪案件
（九）管理效益	1. 物业管理服务费用收缴率98%以上
	2. 提供有偿服务，开展多种经营
	3. 本工业区物业管理经营状况

（四）对投标人的要求

1. 资质等级
2. 专业技术力量
3. 技术装备
4. 资信

（五）投标文件的编制要求

1. 对投标文件形式的要求

（1）投标文件份数

投标文件应有正本一份,副本份数与评标人数相同。一般正本是完整的,副本没有企业名称及与企业名称有关的信息,以保证评标是在保密的情况下进行。

(2) 格式

投标文件使用的纸张、封面、字型和字号。

(3) 包装

投标文件的正本和副本都应分别用内层包装密封,在封面上写清项目名称、正本或副本以及招标单位的名称、地址和投标单位的名称、地址、邮政编码等。

将密封好的正本和副本再用外层包装密封,封面上写清招标单位的名称、地址和投标单位的名称、地址、邮政编码等,并注明开标时间之前不得开封。

2. 投标文件的语言

投标一律用中文。

3. 投标文件的内容

(1) 投标函

(2) 投标单位概况

(3) 投标报价

(4) 物业管理方案

(5) 对招标文件中合同条款内容的确认和响应

(6) 投标人的管理优势及其它管理承诺

(7) 管理工作必备的物资装备计划情况

(8) 投标书附录

(9) 投标保证金

(10) 法定代表人资格证明书

(11) 授权委托书

(12) 资格审查表(资格预审的不用)

(13) 辅助资料表

(14) 法律法规要求提交的其他资料

(六) 投标须知

1. 投标须知一览表(见表8-10)

投标须知一览表 表8-10

序号	主要内容	备注
1	项目名称: 项目地址: 建筑面积: 占地面积: 合同期限: 招标范围:	
2	资金来源:	
3	要求投标人达到的资质等级:	

续表

序 号	主 要 内 容	备 注
4	投标截止日为： 年 月 日 投标有效期为： 天（日历日）	
5	投标保证金数额为：	
6	投标预备会时间： 投标预备会地点：	
7	投标文件副本为 份	
8	投标文件递交的单位和地点： 投标文件递交时间：	
9	开标时间： 开标地点：	
10	评标方法：	

2．物业管理资金来源

（1）常规服务费用

由投标人按合同所定标准向业主收取，招标人有义务协助收缴和催缴。

（2）特约服务费用

由投标人与业主或使用人按约定缴交。

（3）维修费用

按国家规定的程序申领。

3．资质条件

（1）独立的法人资格；

（2）满足建设部《物业管理企业资质管理办法》所规定的相应条件。

4．投标费用

投标人应承担其投标活动中所发生的全部费用。无论评标结果如何，招标人对投标人的一切费用不负任何责任。

5．投标文件

（1）投标文件的文字

无论国内还是国外的物业管理企业投标时一律采用中文。

（2）投标文件的内容

投标文件内容按招标文件第（五）项编制。若有问题需要澄清，应于收到书面形式的招标文件后向招标人提出。招标人将以书面形式或会议形式统一解释。

6．招标文件的修改

（1）在投标截止日前，招标人有可能会以通知的形式对招标文件进行修改或补充。

（2）补充通知将以书面形式送达所有投标人。补充通知是招标文件的组成部分，对投标人同样有约束作用。

（3）对于时间上的损失，招标人可酌情延长投标截止日期。

7．投标报价

1)投标报价采用的货币

投标文件所报价格无论是单价还是总价一律采用人民币表示。

2)投标报价采用的方式

投标报价有两种方式:一种是价格固定,另一种是价格调整。价格固定是合同期内价格保持不变;价格调整是合同期内价格随市场变化而调整。物业管理的投标报价多采用价格固定。

根据《物业服务收费管理办法》第九条规定:"业主与物业管理企业可以采取包干制或者酬金制等形式约定物业服务费用。包干制是指由业主向物业管理企业支付固定物业服务费用,盈余或者亏损均由物业管理企业享有或者承担的物业服务计费方式。酬金制是指在预收的物业服务资金中按约定比例或者约定数额提取酬金支付给物业管理企业,其余全部用于物业服务合同约定的支出,结余或者不足均由业主享有或者承担的物业服务计费方式。"究竟招标人拟采用包干制还是酬金制应在招标文件中说明,以便投标人按招标人的要求编制投标报价。

3)投标价格

物业管理投标的价格往往不是报出总价,只是一个收费标准和计算方法,而且仅仅是每一单位时间单位面积的服务价格。招标文件中应该要求投标人报出合同期内总价,即以单价乘以合同期再乘以面积。

8. 投标截止期

(1)投标人应在招标须知一览表第8项规定时间前将投标文件递交招标人;

(2)招标人可以按本须知第4条规定,通知投标人延长递交投标文件截止日期。此时,招标人与投标人的全部责任、权利和义务适用于新的投标截止期;

(3)超过投标截止期递交投标文件,招标人将原封退还给投标人。

9. 投标有效期

(1)投标活动起讫的若干日历日时间为投标有效期。

(2)如因特殊情况在有效期满之前,招标人需要延长投标有效期,须经招标投标管理部门批准,然后书面通知所有投标人。投标人必须书面答复,投标人可以拒绝延长有效期的要求而不被没收投标保证金。

10. 投标文件的修改与撤回

允许投标人在投标文件递交之后,投标截止期之前修改投标文件。修改投标文件所采取的方法是,投标人向招标人发修改或撤回投标文件的通知,然后将投标文件索回。投标文件修改后仍欲投标的,投标人应在投标截止之前将投标文件送回。逾期送回的投标文件,招标人将原封退回给投标人。

11. 投标文件的递交

(1)投标文件应按第(五)项要求包装后递交;

(2)按招标文件规定的地址递交投标文件;

(3)递交投标文件到招标单位时,不得超过投标截止期。

12. 投标保证金

在投标申请人通过预审后,一般招标人要向投标人收取一定数额的投标保证金,以保证入围的投标人都来投标。因此在招标文件中需要作出相应规定。

(1) 投标保证金可以是现金、支票也可以是银行汇票。
(2) 未按要求提交保证金的投标人将视为不响应投标而被拒绝。
(3) 招标人将保证在投标有效期满若干日（一般为 14 天）之内如数奉还（无利息）未中标的投标人。
(4) 中标人的保证金,将在交纳履约保证金并签署合同后如数退还（无利息）。
(5) 如投标人在投标有效期内撤回投标文件或中标后拒交履约保证金或拒绝签署合同,投标保证金将被没收。

13. 现场勘察

现场勘察是投标人直接了解物业管理项目的重要环节,通过现场勘察得到编制投标文件和签署合同的第一手资料。与现场勘察有关的事项应在招标文件中告知投标人。
(1) 勘察所需费用由投标人自己承担。
(2) 招标人对所提供的资料和数据负责,但对投标人由此作出的推断不负责。
(3) 投标人提出问题必须在预备会召开前若干天,以书面形式送达招标人。

14. 投标预备会

(1) 招标人澄清和解答投标人阅读招标文件和勘察现场发现的问题。
(2) 会议记录的投标人所提问题和招标人的答复,将尽快用书面形式提供给所有投标人。因预备会所提问题而对招标人所要求的投标文件内容进行了修改,招标人以补充通知的形式发给所有投标人。

（七）评标的标准和方法

评标标准和方法是评委评标的主要依据,按照《招标投标法》的要求应在招标文件中告知投标人。在此公布的评标标准和方法评标时不得改变。评标标准和方法是将影响评分的因素分成若干项,可先将影响因素按大类分类,再把每类分成小类,如有必要可以分为三级或四级,尽可能细一些。然后再规定每项因素的各级权重、分数域值、给分或扣分方法。但物业管理的招标投标分项,在招标文件中一般只公布大类评分标准和方法。通常分为技术部分、经济部分、资信部分和现场答辩等四大类。

（八）提供服务的时间

物业管理招标投标提供服务的时间是指物业管理服务的合同期,在此明确告知投标人。

（九）投标人应提供的证明

（十）履约保证金

（十一）提交投标文件的方式、地点和截止时间

1. 提交投标文件方式

物业管理招标投标提交投标文件的方式一般是由投标人亲自送达。

2. 递交投标文件的地点

按招标须知一览表第 8 项规定地点递交。

3. 截止时间

截止时间为招标须知一览表第 8 项规定的时间。

（十二）开标、评标和决标的日程安排

（十三）主要合同条款

建设部和国家工商行政管理局 1997 年曾经公布了《物业管理委托合同》示范文本。各

地又都按照《物业管理委托合同》示范文本的主要内容,根据地方具体情况制定了本地区的合同文本。这是各地行政管理部门要求必须采用的合同文本,物业管理所涉及的主要合同条款均已列出,招标时可以直接采用并将该填写的内容填好。如果招标人有特殊要求,需要增加的合同条款的内容或增加附录,应事先在招标文件中列出。

复 习 思 考 题

1. 招标公告的主要内容有什么?
2. 招标文件的作用是什么?
3. 招标文件中对投标人有哪些要求?

第九章 物业管理市场营销

物业管理是一种服务产品,也是市场上可以流通的商品。产品生产的目的就是为了在市场上畅销,对物业管理市场的研究无法回避产品的市场营销。

第一节 物业管理市场营销的特点

由于物业管理载体和物业管理市场的本身具有一定的特殊性,因此物业管理市场营销也有别于其他各类市场。

一、避免了对物流的研究

在普通商品市场营销操作中,必须考虑到某一区域市场商品运输和仓储的可能及成本。因为物业管理的生产、流通和消费同步进行,所以谈及不到仓储问题。而且物业管理的生产基地就在消费者约定范围之内,生产者就地生产消费者就地消费,因此也没有运输问题。

二、增加了劳动力应急调度的研究

市场营销的研究一般都侧重在市场流通过程的广告技术、产品市场定价、商品的储运和客户管理等。市场供给是靠商品的储运调度实现,很少涉及生产领域的劳务问题。而物业管理市场的供给能力完全靠企业的人才储备和劳动力应急调度能力来决定。在物业管理企业的生产能力中人的因素占第一位,其中最重要的是项目经理和关键岗位的专业技术人员。企业必须有必要的项目经理储备和紧急招集或调动专业技术力量的能力,接管物业必须量力而行,否则企业非常被动。现在有些企业顾前不顾后,只想扩大市场份额而不能正确估计自身生产能力,接了许多项目而派不出优秀的项目经理,其结果是管理混乱被业主追究责任,既蒙受经济损失也影响企业声誉。

三、利用介质反映质量

有形产品本身已经向消费者展示着自身的质量,在市场营销时如果借助于反映质量好坏的指标体系作为营销宣传的诉求点,则很容易引起潜在需求者的关注。服务是一种无法保存的无形产品,很难让从未接受过服务的消费者直接了解服务质量,影响了市场营销的效果。唯一可以解决问题的办法就是利用一些介质反映出产品的质量。物业是物业管理服务的标的物也是反映服务质量的介质,应该巧妙地利用物业向潜在的需求者展示服务质量。

第二节 物业管理市场调查分析

一、物业管理市场调查

物业管理市场调查是对物业管理服务从生产到消费过程的全部商业活动的资料、情报和数据系统地收集、记录、整理和分析,以了解物业管理的现实市场和潜在市场。

(一)物业管理市场调查的内容

对市场的调查内容当然是多多益善,但又要顾及调查成本而不能面面俱到,这里仅能介绍必不可少的内容。

1. 市场需求调查

物业管理市场需求调查主要应从某一地区物业管理现状和潜在的物业管理需求两方面入手。

(1) 物业管理现状

1) 物业总量

首先要调查该地区各类物业总量,这是物业管理某一时刻需求量的上限。因为即使政府花费很大的努力整修旧有物业使其具备实施物业管理的条件,用法规政策强制需求推行物业管理,其需求量也不能大于物业总量。

2) 已实施物业管理量

调查已实施各类物业管理量及现实物业管理市场需求量,这是物业管理市场需求量的下限。因为1994年33号令颁布以后,主要新建物业实施了物业管理。这些物业不会在短期内拆除,国家又不允许随便停止物业管理,所以该量不会减少。

3) 不宜实施物业管理的物业量

有些物业体量过小、产权有纠纷、非成套住宅或已经属于危险房屋。这些物业不便用物业管理模式进行管理,也没有物业管理企业愿意接管。

(2) 潜在的物业管理需求

并不是用物业总量减去已实施物业管理量就是潜在的物业管理需求量,因为还有一部分物业不宜实施物业管理。那么,再减去不宜实施物业管理量以后是否就是潜在需求量了呢？其实还不是。因为剩余的物业中有一部分物业的业主没有支付能力,因此还要调查:

1) 业主支付能力

物业管理企业不是慈善机构,物业管理服务需要用货币购买。如果某物业区域有困难的业主占有一定比例就不能实施物业管理。因此应对未实施物业管理的业主经济状况进行调查,当业主的全家总收入过少就很难承担物业管理费用。

2) 业主的支付意愿

有些业主虽然能够勉强支付物业管理费但又不十分宽裕,其中有一部分是不愿意支付物业管理费的。物业管理照样不能实施,所以应设计问卷调查业主的支付意愿。

3) 在建工程量的调查

物业市场与物业管理市场有一个很特殊的关系,物业市场的供给量与物业管理市场的需求量成正比。在建工程是物业市场上的潜在供给,也是物业管理市场上潜在的需求。

2. 市场供给能力调查

(1) 物业管理企业数

物业管理企业是物业管理服务的供给者,对某地区而言企业数量越少对行业发展和业主越有利。企业总数少说明每个企业营业面积大,单位面积分摊的固定成本低对供求双方都有利。随着物业管理市场的发展,物业管理企业之间会发生兼并、合并及重组,优胜劣汰,企业会越来越少。因此从当地企业数量可以看出当地市场化的进程。

(2) 专项服务企业数

专项服务企业数可以反应出当地专业化程度和市场容量。物业管理发展的方向是物业管理企业不能五脏俱全,物业管理企业接管物业以后各项专项服务可由专项服务企业操作。

(3) 某地区物业管理从业人员数

按正常情况物业管理面积与物业管理从业人员数之间有一定的比例关系。因此当地物业管理从业人员数可以反应出物业管理供给量。

3. 竞争对手的调查

竞争对手的调查主要是对与本企业所管物业类别一样的各个物业管理企业进行的调查,其内容主要有对方的管业面积、技术装备、骨干技术力量和对方的弱点等。

4. 其他不可控制因素调查

非控制因素是企业无法控制的因素,主要指政治、经济、文化、法律、科学技术和社会发展等。调查的目的是找出供求失衡的原因,调整企业内部各要素之间的关系以适应外部因素的变化,求得新的平衡。

(二) 物业管理市场调查的方法

1. 问询法

问询法是最常见的一种市场调查方法,是以选定的被调查对象为样本,通过语言或文字交流获取其消费倾向的调查方法。这种调查方法在选择调查对象时切忌倾向性,所提问题不能有意诱导。问询法有以下几种形式:

(1) 访谈调查

访谈是调查者与被调查对象面对面的交谈,可以是一对一也可以是一对数人或数人对数人。比如对旧区物业管理需求调查时,可以召集业主座谈会以了解支付能力和支付意愿。

(2) 电话调查

电话是快捷有效的现代通讯工具,特别是移动电话的普及给市场调查提供了更多的方便。调查者可利用抽样技术确定调查范围,然后一一电话询问,短时间内即可解决问题。但电话调查与每人交谈时间不宜过长,往往只能问较简单的问题。物业管理中有时对某项服务的意见可用电话询问业主,确定目标市场时也可用电话询问消费者的消费意向。

(3) 信函调查

信函调查是通过投递问卷,了解需求意向的一种调查方法。其优点是被调查者可以通过理性思考回答问题,缺点是所发问卷不能尽数收回。物业管理中企业经常用这种方法了解业主对某些服务项目的需求情况。

2. 观察法

观察法是一种收集资料的方法,用人、仪器、设备在现场直接观察并记录被调查者言行的一种方法,调查者和被调查者不直接接触,只在暗中记录。这种方法物业管理中不常使用。

3. 实验法

实验法是从影响市场变化的各种因素中选取某种因素,在一定条件下用小规模实验的办法测知对市场影响的程度。在物业管理市场上,可以用这种办法选择广告方案。

(三) 物业管理市场调查技术

1. 抽样技术

抽样是指从被抽样总体中,按照一定的规则抽取一部分样本,以供调查使用。抽样技术就是对抽样规则的研究。抽样调查相对于普查,费用低、速度快而且应用广泛,当然与普查相比其准确性和可靠性稍差一些。但如果抽样技术运用得科学合理，其精度可以满足市场调查的需要。具体抽样方法有：

(1) 随机抽样

随机抽样是指针对被抽样样本总体随意抽取，每一个样本抽取的机率均等，排除任何主观倾向。随机抽样又分为简单随机抽样、分层随机抽样和单级整群抽样。这些抽样方法在物业管理的市场调查中都可以使用。

(2) 等距抽样

等距抽样是先将样本按某种规则排序，在这个序列中每隔一个固定的单位抽取一个样本。

(3) 固定样本抽样

固定样本抽样主要是针对在一定时期内，保持不变的样本进行连续调查，以取得对照性较强的效果。如果想要了解业主对某企业或某项服务的满意程度的变化可以使用这种方法。

2. 询问技术

(1) 肯定与否定选择

这种选择技术是在询问时提出一个问题，但只提供两种答案，即"是"或"否"。这种提问方法简单、答案明确，但不能反映调查对象意思表达的程度。适用于对物业管理服务支付能力的调查。

(2) 多项选择法

多项选择法是提出一个问题提供多个答案，被调查者可选择一个或几个答案，可以给被调查者较大的选择空间。物业管理中，了解业主有哪些特约服务的需求时可以使用这种方法。

(3) 顺位法

顺位法是提供给被调查对象几个答案令其按顺序填写，以区别对所提问题认识的程度。对物业管理服务满意程度的调查，可以采用这种调查技术。

3. 问卷设计

问卷设计并无定例，可因调查内容和调查对象的差异而定，但必须注意到以下几个问题：

(1) 突出主题，设问不能漫无边际；
(2) 语言活泼，让被调查者心理放松乐于回答问题；
(3) 问题简练，易于回答；
(4) 问卷所提问题明确，用词准确避免产生歧义；
(5) 避免涉及被调查者的个人隐私。

二、物业管理市场预测

预测是根据过去和现在事物变化的规律，推测事物未来发展变化结果。物业管理市场预测是对过去几年市场要素变化信息的收集、整理和分析，找到其变化的规律使企业能够对未来市场上各类物业管理服务的供给和需求状况做出正确的判断。

(一) 物业管理市场预测的意义

1. 制定计划的依据

企业应该按照一定的计划发展,而制定计划就不能对市场的未来动向茫然不知。为此首先要对物业管理市场进行预测,测知市场上未来各类服务的需求和供给的增长情况。

2. 减少销售成本

无论是有形产品还是服务的营销活动都需要一定的成本,广泛撒网与有的放矢所需成本差异很大。如果能够准确预测到市场的发展动态,找到企业推销产品的目标,可以节省许多开支。

3. 有利于政府对市场的管理

市场是制度化的交换,而制度在我国一直是由政府来制定的。制度可以调控市场朝着有利的方向发展,制度要根据市场变化趋势制定,对市场进行预测是制定制度的前提。

(二)物业管理市场预测方法

1. 定性预测

定性预测并不是非数字预测,定性预测的结果也常常用数字来表示。但定性预测是一种非公式预测,主要是靠预测人员所掌握的资料、个人经验和理论知识,对市场未来发展作出判断。目前物业管理市场还不是很规范,可以用公式量化的资料和规律并不是很多,定性预测还是非常必要的。常用的定性预测方法与以下几种:

(1)专家会议法

专家会议法是召集有经验的专业人士,在一起座谈预测市场变化。组织者事先应该把收集到的资料和预测的主题提交给各位专家,然后专家面对面讨论问题,最后综合大家的意见得出结论。

(2)德尔菲法

德尔菲法和专家会议法都是专家预测法,所不同的是专家会议法是面对面协商,而德尔菲法是背对背书面答复。德尔菲法的操作是,由组织者把收集到的资料和预测目的,分别提交给各位专家由专家书面回答。组织者收集和整理后,将汇总意见再次交给专家,请专家充分发表意见。如此周而复始反复多次,逐渐使意见趋于一致。

(3)购买意向调查法

购买意向是消费者未来的需求倾向,企业如果想掌握市场需求情况,可以采用购买意向法。

2. 定量预测法

(1)时间序列分析法

影响事物发展规律的因素有很多。时间序列分析法是将市场要素视为时间的函数,而忽略了其他各种影响因素。时间序列分析法是把预测对象的历史资料按时间排序,用数学方法找出变化规律,再外推或延伸预测出未来的市场状况。

(2)因果关系预测

因果关系预测是根据原因变量预测未来结果。这种方法必须选择科学的数学模型,建立起各个变量之间的相互关系。通过收集大量的基础资料,利用数学模型计算出想要得到的结果。常用的因果关系预测方法主要有:回归预测法和动态系统法等。

三、物业管理市场机会分析

市场要素是千变万化的,每次变化都会给各个企业带来机会或威胁。同样一种变化对于某企业可能是机遇而对于另一企业可能是威胁,或者说对于同一个企业处理得当就是机遇处理不好就是威胁。比如有一较大的在建工程,有的企业比较关注密切跟踪,分析后认为适合本企业条件,经过努力终于接管该项目,使企业获得利润并得到发展;另一企业熟视无睹,自我陶醉在现有管业范围任凭其他企业接管新项目;还有一个企业市场机会分析失误盲目接管,结果造成巨大的经济损失影响企业发展。表面上看第二个企业没有受到任何影响。其实不然,物业管理市场有效需求总量,等于各企业物业管理服务市场供给之和。如果需求总量增加,企业的供给量能够相应增加其市场份额随之增加,而其他企业市场份额则相对减少,实际上是不进则退。物业管理市场竞争十分激烈,市场份额的大小是企业强弱的重要标志。竞争对手向前发展"一分",相对来说自己企业的威胁就增加了"一分"。因此对市场机会的正确分析,关系到企业的发展和生存,必须引起足够重视。

企业对市场机会进行分析应注意以下几个问题:

(一)随时把握市场动向

物业管理企业要想利用市场机会就应设立专门机构了解市场信息,把握市场动向。由于物业管理服务的标的物大,涉及到的需求主体人数众多,市场变化的有关信息很难隐匿。企业收集信息并不困难,关键是确实哪些信息最有价值。

1. 在管物业的情况

已经有人管理的物业按说与本企业无关,但我们所关心的是可能发生的变化,如:合同是否即将到期;供求双方是否合作愉快,有没有提前另聘的可能等。

2. 在建物业的情况

按照《城市商品房预售管理办法》的规定,符合一定条件的在建商品房可以申领《商品房预售许可证》进行预售。但此前应选聘物业管理企业,签订前期物业管理服务合同。因此在建项目都是生产市场潜在的需求,要对工程的进度动态监督,随时对项目的招标作出响应。

3. 法规政策的变化

法规政策的变化对市场干扰最大。如《物业管理条例》出台使许多物业强制招标,肯定影响了市场需求。我国立法工作透明度比较大,新法规出台前很长时间就能知道信息,有足够的时间进行市场机会分析。

(二)掌握企业接管物业条件的变化

市场的变化究竟对本企业是不是机会,主要看企业是否具备接管物业的条件。如果不对自身条件进行分析盲目出击,可能损失更大。妨碍企业接管物业的因素有很多,但主要的问题有两个方面。

1. 现有技术力量

技术力量包括专业技术人才和装备,所谓"现有"是目前拥有,除去在管物业占用的以外,剩余的技术力量。

2. 经济实力

接管某一项目有时需要交纳风险保证金,占用企业流动资金很长时间,应分析企业是否有能力承受。

第三节 市 场 细 分

一、市场细分的概念

市场细分是市场营销策略中最关键的环节,有效的市场营销依赖科学的潜在消费者的分类筛选。物业管理市场细分是指把物业管理市场上的消费群体,按不同的消费倾向分为若干类别,根据所划分的类别将物业管理整体市场分为同一类别的若干部分,从而确定企业目标市场的过程。

对于企业来讲,市场细分的意义就在于选准目标市场,企业可以有的放矢朝着企业自身特点的方向发展。包括物业管理企业在内的任何企业都不是万能的,面面俱到肯定会影响企业发展速度。由于消费者支付能力和支付意愿的差别,引起对某种商品好恶的差异。市场细分就是把这些消费差异归类,使千差万别的市场需求倾向化为相对一致的细小部分。不同的物业管理企业可以对号入座,根据自己的条件对应某一部分。

二、市场细分方法

（一）单一因素细分法

单一因素法是将某一项因素作为细分市场的标准。例如：支付能力可以作为市场细分的单一因素,这样物业管理市场可以分为：享受型、实用型、基础型和救济型等四种类型。

（二）综合因素细分法

综合因素法是用两个以上(包括两个)的因素从不同的角度对市场细分。市场是千变万化,有时仅从一个方面不能细分市场,必须从各个角度认识市场、分析市场才能细分市场。物业管理特约服务中的某些服务项目就需要两个以上的因素,如委托购物应该从支付能力和家庭闲散劳动力这两方面细分。

（三）逐层细分法

逐层细分法是在细分因素较多的情况下,可先将诸多因素按大类指标分为分市场,然后选择某分市场为大致的目标市场,再利用另一指标对分市场继续细分,选择更加细化的目标市场。而且可以逐次继续细分,使目标市场越来越明确。

三、物业管理市场细分

物业管理市场是以物业为载体的市场,消费者的需求倾向与其载体有密不可分的关系。如对市场支付能力的细分,基本上与物业档次的高低成正比。购买高档物业的消费群体,物业管理服务费的支付能力也比较高。当然也有例外,有的单位领导退休前想办法搞到一套高档住宅,退休后收入减少,支付能力未必很高。但这毕竟是个别现象,不影响利用这种办法对市场整体细分。另外消费的性质也可以按物业的使用性质细分,分为工业物业管理、商业物业管理和居住物业管理等市场。在这几个市场中,还可按常规服务和特约服务中的各种影响因素继续细分,另外也可针对许多专项服务细分市场。

第四节 目标市场的选择

市场细分的目的在于进入市场,关键怎样选择适合本企业的一个或几个细分市场作为目标市场。目标市场的选择是根据企业内部条件和市场诸多因素确定的。

一、目标市场选择模式

（一）同类产品模式

同类产品模式是指企业生产某一类产品面对各种消费群体,是一种产品对应多类需求者。物业管理服务中的某些基础性的服务,就是服务于物业管理区域内的各类业主。

（二）同类顾客模式

同类顾客模式是企业面对同一类型的消费群体生产他们所需要的各种产品,是多种产品对应一类需求者。例如物业管理企业对某些高消费群体提供各种特约服务。

(三)同类产品、同类顾客模式

同类产品、同类顾客模式是一种典型集中化模式。企业只生产一类产品供应给一个消费群体,是一种产品对应一类需求者。刚刚成立不久的物业管理企业初入市场,往往只承担某一类物业的常规服务,仅服务于拥有该类物业的业主。

(四)不同类产品、不同类顾客模式

不同类产品、不同类顾客模式是选择性的专门化,是企业选择几个细分市场,生产几类产品供应几类消费群体,是几种产品对应几类需求者。有实力的物业管理企业,在经过对市场的充分调查将市场细分后,选择最适合本企业的细分子市场。

二、选择目标市场的方法

(一)市场机会指数法

市场机会指数法是用一种产品在某一细分市场占该产品全部市场销售量的比例,来判断企业开发该细分市场的必要性。如某企业拟对自己所提供的高档住宅物业常规服务进行某细分市场发展潜力的研究,可按下式求机会指数:

$$机会指数 = \frac{\dfrac{该服务在某细分市场销售额}{该服务在整体市场销售额}}{\dfrac{某企业该服务在某细分市场销售额}{某企业该服务在整体市场销售额}}$$

如果机会指数大于1则可以在该细分市场发展该项服务;如果机会指数小于1则不能在该细分市场发展该项服务。

(二)市场选择指数法

市场选择指数是目标市场上的各影响因素得分,再乘以各项因素的权数求得的综合数值。按市场指数在各细分市场的大小,决定是否扩大该目标市场。其公式为:

$$V_i = \sum_{j=1}^{n} W_j \times F_{ij}$$

式中 V_i——i 细分市场的选择指数;即 n 项考核因素的加权总分;

n——考核因素项目数;

W_j——j 因素的权数,设 $\sum_{j=1}^{n} W_j = 1$;

F_{ij}——i 细分市场,j 因素的实际评分。

目标市场选择时主要按分数的大小而定,当:

0＜V＜40　　　　　不可取

41＜V＜80　　　　可考虑

81＜V　　　　　　可取

(三)市场占有率增长指数法

市场占有率法是指按照某市场占有率选择目标市场的一种方法。

三、物业管理企业市场定位

(一)物业管理市场定位的概念

市场定位的概念是20世纪70年代美国学者提出，是指目标市场上同类产品之间竞争时，企业根据消费者对产品的某些特征重视的程度，为自己的产品塑造有别于其他产品的鲜明个性，并设法传达给消费者以期求得更多消费者的认知。物业管理服务是物业管理市场上的产品，这是一种无形的产品。物业管理企业市场定位，就是要把这种无形产品，通过技术处理使其有别于其他产品，建立起市场上自身的特色而被市场需求者所接受。市场定位成功的标志是，当对消费者提到某企业时立即能够想象出产品的空间形象和某些特点；当对消费者提到某产品时，立即就能意识到是哪个企业生产的产品。对于有形产品作到这一点相对容易一些，但对于无形产品确实难度比较大。

（二）物业管理市场定位的方法

有形产品的市场定位已经见诸于许多著述，物业管理服务产品的市场定位还很少有人涉足。因此通用性的产品市场定位方法这里不拟赘述，只谈物业管理企业及其产品的市场定位。

消费者购买商品意在得到商品价值和使用价值。构成商品价值和使用价值的各种要素，或某些要素的组合都可以成为表现企业所生产产品的鲜明个性，如产品的颜色、形状、声音、味道以及性能等。这些个性在设计和生产过程中着意打造，在营销时设法通过媒介输入消费者的感觉器官，使消费者在大脑里形成特殊的印象。物业管理服务没有形状而且不能存储，这些要素很难直接展示给消费者，但也不是无路可走。物业管理产品的生产过程是漫长的，而且是周而复始连续进行的。物业管理服务的标的物和载体是不动产，形象高大无法遮蔽极易进入视野。因此可以利用其生产过程和载体为介质，间接反应出企业及其产品的个性。

1. 企业及其产品标志

任何商品都有商标，这是企业开拓市场的需要也是行政管理的要求。但物业管理及物业管理的标的物，一般不设商标。前几年有一位学者建议某房地产开发商，设计所开发商品房的商标进行注册，并在所开发的房地产项目悬挂自己的商标。开发商采纳了这一建议，结果取得了良好的经济效益和社会效益。某城市为了树立物业管理企业形象，也为了便于社会对物业管理服务工作的监督，倡导物业管理企业设计自己企业的标志，悬挂在物业管理区域内醒目之处。而且在该城市物业管理企业十强选拔时作了硬性规定，企业标志是检查评比的主要内容之一，使物业管理服务开始有了自己的商标。如果企业对自己的服务质量比较自信，就应该在社会上推出醒目的标志。在企业所选定的目标市场上，使消费者见到了某一标志就能想到相对应的某种服务特色。让标志成为表现物业管理服务个性的商标。

2. 利用介质定位

物业管理服务产品不能保存，不能直接用产品本身向消费者显示其鲜明的个性。但可以利用它的标的物作为介质，说明它所具有的特色。服务是供给方根据需求方的要求所进行活动的结果，这个结果往往是可以通过服务的标的物反映出来的。如物业管理中的保洁专项服务，完全可以通过物业的整洁程度表现出来。

3. 利用生产过程彰显个性

利用物业管理活动过程也可以向需求者表现某企业产品的个性。比如专项服务中的保安服务，物业管理区域内秩序良好是服务结果。但只利用服务结果来表现个性，则良好的秩序很难有什么特色。而保安人员整齐划一的着装、优美的站姿和矫健的步伐，却很容易被消费者感知。但物业管理这些方面服务的技术含量并不高也无法保密,容易被模仿,不能表现其个性。有一个物业管理企业为了市场定位,独辟蹊径在搏击上技高一筹,反应出了它的个性。物业管理的保安不是打手,并不要求一定具备格斗能力。其责任也只负责管理公共秩序而不是保护某一个业主的安全。但如果保安人员见到业主安全受到威胁而袖手旁观或临阵脱逃,同样应当承担法律责任。反之如果保安人员艺高胆大,克敌制胜使其束手就擒,肯定会受到业主好评。该企业的保安人员每年约有三百多个小时的搏击训练时间,训练的地点就在物业管理区域内。这种训练有三个作用,其一是锻炼保安人员的业务能力;其二是向社会告知本企业保安服务的特色;其三是对潜在作案人员的震慑。该企业在保安实际工作中确实屡屡得手,社会广为传颂使企业名声大振。为此他们接管了许多项目,就连香港的某些开发项目都慕名请该企业管理。

第五节 练好内功打造市场名牌产品

占领市场不只是营销人员卖弄才智,在宣传广告上下工夫,更重要的是企业一定要有实力。这种实力需要长时间的努力,不是一朝一夕就能够产生的。

一、人力资源的开发利用

物业管理服务是靠人来完成的,这些人员需要有一定的专业技能、良好的心理素质和职业道德。物业管理是微利行业,企业不可能让大量人员赋闲,也不能因没有人才储备而无法拓展市场。要想解决这一矛盾,必须有骨干人员的岗上储备和稳定的招聘渠道。

物业管理所需要的劳务,有一部分是操作层的员工,技术含量并不高。现在全国各地的闲散劳动力比较多,只要与当地劳务市场建立一定的关系,随时招聘一般员工应该容易作到。但在招聘时需要注意到应聘人员的发展潜力,是否能向更高层次培养。

较大的物业管理企业对于每一个岗位都有不同的培训计划和依次晋升计划。培训并不都是指课堂教学,也包括师徒传帮。重要岗位(特别是项目经理)都应由师徒两人担任,形成一种岗上人才的培养和储备。一旦企业接管了新的物业管理项目,这些重要岗位上的师傅可以重新组织新班子,接管新项目。而由原岗位上的徒继师位,继续管理原来项目。这样原来的项目管理质量仍然可以保持高水平,新项目也可以由经验丰富的高水平管理人员去管理。

二、质量保证体系的建立

九十年代后期,许多物业管理企业建立了质量保证体系,使物业管理行业的发展又上了一个新的台阶。质量体系的建立可以界定各个不同岗位之间的职责和权限,同时又可处理好岗位之间的接口,使企业协调一致成为有机的整体。质量保证体系可以提高企业整体管理水平和服务质量,增强企业市场竞争能力。

三、专业技术的研究

物业管理服务除一般性的服务以外,还包括着难度较大的技术问题。美国物业管理的行业协会就源于经理人对高层楼宇设施设备管理的研讨。现在的环保问题、节能问题、紧急疏散问题、智能设备管理问题都是亟待解决而且难度较大的技术问题。如果某企业在这些方面或其中的某些方面有独到之处,将会形成名牌产品扩大市场份额。一家外国企业在清洁用品上有专门研究。对于一些装修材料染上污渍,它们可以提供自制的清洁剂,用后既可清除掉污渍又可保护装修材料。但若遇到特殊的装修材料或特殊污渍,现有的清洁剂解决不了问题,则可根据具体情况临时配制适用的清洁剂。该企业虽然收费很高,但别人不掌握其技术机密也只好高价求其技术支持。

复习思考题

1. 物业管理市场营销与其他市场营销有何区别?
2. 物业管理市场调查的内容有哪些?
3. 物业管理市场调查有哪些方法?
4. 选择目标市场有哪些方法?
5. 如何进行物业管理市场定位?
6. 物业管理企业如何打造名牌产品?
7. 目标市场选择模式有哪几种?

第十章 物业管理投标

第一节 物业管理投标人

一、基本概念

（一）物业管理投标

投标是指投标人根据招标人的招标条件，向招标人提交其依照招标文件的要求所编制的投标文件，即向招标人提出自己的报价，以期承包到该招标项目的行为。物业管理投标是指物业管理企业或有关物业管理服务的专项服务企业，向招标的房地产开发商或者业主委员会提交依照招标文件编制的投标文件，以期获得该物业管理项目的行为。

（二）潜在投标人

是指熟悉招标人公布的招标项目的有关条件和要求，有可能愿意参加投标竞争的供应商和承包商。

（三）物业管理投标人

投标人是响应招标、参加投标竞争的法人和其他组织。物业管理投标人一般都是法人。

响应招标、参加投标竞争，是指潜在投标人获得招标公告或招标邀请书以后，得到招标有关信息、接受资格审查、编制标书，按照招标人的要求参加招标投标的活动。

二、投标人的范围

投标人的范围一般可以是法人、自然人和其他组织。但我国物业管理的投标人范围只允许是法人，自然人和其他组织不允许投标。物业管理的招标有时也按资格等级、人员、注册资金数圈定投标人的范围。但招标人所圈定的范围，不能排斥法律法规允许的投标人。

三、投标人资格

为了保证物业管理服务质量和业主的合法权益，同时也为了使投标人不会因管理和服务质量的问题而被罚，投标人必须根据自身条件和招标文件的要求，量力而行。

（一）须有承担该物业管理项目服务的能力

是否具有承担招标项目的能力主要从以下几个方面衡量：

1. 人力

管理和服务都是靠人完成，搞好招标项目的物业管理需要有一个配备齐全的项目班子。我国劳务市场供给量较大，一般操作人员比较容易找到，关键是项目管理的技术核心。

2. 物力

主要是指适合承接该物业管理项目的技术装备。

3. 财力

接管物业管理项目需要一笔项目启动资金和履约保证金，企业要考虑自己有没有筹资能力。

（二）国家规定的对招标的限制

国家对于不同项目的招标也有一些资格的限制，未达到要求的企业不准投标。物业管理的招标投标，应满足建设部《物业管理企业资质管理办法》的有关规定。

第二节 投 标 目 的

一般人理解投标的目的当然是为夺标，但实际在操作中也并不尽然。为了承接更多项目参与投标的企业固然是占有主导地位，为其他目的而投标的也大有人在。

一、宣传企业

刚刚成立的企业社会知名度较低，为了扩大影响有些往往采取频繁投标的办法。出于种种目的，许多媒体经常对物业管理的招标投标进行跟踪报道，投标人的有关信息随之发散出去。另外，公开招标的答辩会一般会有社会各界人士旁听，投标人的信息也将在社会上得到传播。新闻报道也是一种软广告，而且它的作用远比广告的作用大的多。

（一）新闻报道的读者多

各种媒体的读者，绝大多数都会浏览一下新闻，很少有人无目的地翻阅广告。因此通过新闻传递信息，比通过广告传递信息受众量大。

（二）新闻报道的认知程度高

对企业的宣传效果主要取决于信息发散的频度、受众人数和认知程度。人们对新闻的认知是多年形成的，是任何广告所无法替代的。

二、练兵

参加过竞标的企业都有体会，通过投标可以锻炼自己的队伍使整体素质得到提升。有些物业管理企业明知该招标项目不可能中标，但也还是要投标。其目的是为了在招标投标的各个环节中积累经验，这比参加任何培训，查阅任何资料的效果都大得多。从未参加过投标的企业，第一次投标抱有这种心理的占一定比例。

三、市场探察

物业管理企业发展到一定规模以后，一般都想到外地拓展自己的市场。各地的物业管理市场虽然在运行方式上大同小异，但多少都有一些地方特色，如：政府对物业管理市场管理的力度、招标人的好恶、投标报价的习惯以及供求情况等。企业必须对这些问题深入了解，才具备进入当地市场的可能。所采取的办法不外乎委托中介机构调研和派员到市场上调研等。实际上参与市场上物业管理招标投标是进行市场探察了解市场的一种很好的办法。通过投标可以亲身感受一下市场氛围，掌握当地物业管理市场的习惯操作方法。

四、夺标

（一）获得利润

赢利是企业经营的目的，企业经营都有规模效益，管业面积越多单位成本越低利润也越大，因此必须多承接一些项目。现在国家提倡建设单位按照房地产开发与物业管理相分离的原则，通过招标投标的方式选聘具有相应资质的物业管理企业。而且对规模较大的住宅物业，规定必须通过招标投标选聘物业管理企业，物业管理企业不能再通过乞求上一级房地产开发商的施舍得到项目，而只能在市场上参加竞标。

（二）扩大市场份额

企业实力的强弱主要表现在所占市场份额的大小，企业之间的市场竞争就是要争市场占有量。因此夺标是企业扩大市场份额的需要。

第三节 投 标 程 序

一、物业管理投标流程图（见图10-1）

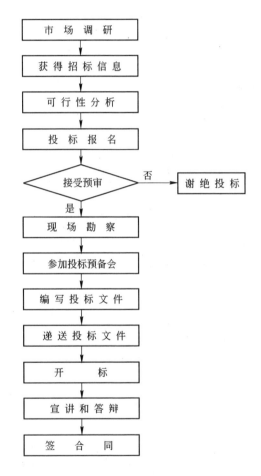

图10-1 投标流程图

二、主要环节的操作

（一）市场调查

比较大的物业管理企业都设有市场部，用来推销自己的无形产品。通常的做法是首先要进行市场调查，根据在建工程的进度判断招标时间，提前做好充分的准备工作。

（二）项目分析

在公开的媒体上注意招标信息，对每一个招标项目都要进行可行性研究，遇有适合本企业的项目立即投标。如果企业力量较强，也可以对每一个潜在的招标项目进行分析，对于比较好的项目随时跟踪，直至争取到手。

（三）现场勘察

投标人到现场勘察主要是为了获取第一手资料，为编制投标文件做准备。在现场中应得到的信息包括：

1. 核实招标文件与现场情况有无出入；
2. 施工进度计划和现状；
3. 设施设备性能是否到位；
4. 物业管理项目的环境；
5. 物业管理项目的交通；
6. 水、电、气源。

（四）参加投标预备会

参加投标预备会主要是想澄清阅读招标文件和现场勘察中未能完全理解的有关问题。参加投标预备会要注意以下事项：

1. 事先将拟问问题以书面形式提交招标人；
2. 注意聆听其他投标人的问题；
3. 做好记录；
4. 索要招标人的书面答复和记录。

（五）制作投标文件

按照《招标投标法》的规定制作投标文件最少要 20 天的时间，但招标人往往因为急于办理销售许可证最多给 20 天。如果物业管理企业市场调查比较好，预先已经有所准备可能时间更充裕一些。投标文件的具体内容和注意事项另有章节介绍。

（六）参加开标

投标人在开标时表面上的意义是注意标箱密封情况。实际更重要的是投标人要观察竞争对手参加答辩的人选和专家评委人选，拟订答辩策略和应对措施。经常参加投标对竞争对手应该了如指掌，根据对方具体情况扬长避短克敌制胜。另外，一个地区评标专家屈指可数，对每一位专家关注的问题和发问方式也应有所了解，事先做好心理准备。

（七）宣讲和答辩

宣讲和答辩是投标人展示水平的时机，投标人必须认真对待。投标人从衣着、仪表、谈吐，到实质内容都要充分准备。

1. 研究招标人需求心理

从投标活动开始时就应注意研究和分析招标人的需求心理，这也是投标文件的制作依据。但在宣讲和答辩时，如何能在短时间内能用寥寥数语打动评委和招标人，应该进行更加深入探讨。

2. 充分理解评委所提问题的内在含义

在评标实践中经常遇到投标人答非所问的情况。投标人本来说话的机会就不多，如果没有理解评委问题就仓促回答，答案往往会有问题。

3. 突出重点

宣讲时间一般在一刻钟左右，必须充分利用这一短短时间把自己的管理特色说清楚。

第四节 投标决策

国家的《物业管理条例》出台以后,房地产开发商与物业管理企业私下相与侵害业主利益的物业管理项目承接模式逐渐受到遏止。取代这种方式的承接模式就是物业管理招标投标,这是企业扩大经营规模的惟一途径。投标是物业管理企业经营过程中的主要环节,投标决策是企业管理层和决策层十分重要的日常工作。

物业管理市场上有许多招标信息,但对于各个企业来说不一定每标必投。究竟哪个标不该投,哪个标该投,投标后会给企业带来哪些利益,都需要进行决策分析。

物业管理的投标决策应该分两个阶段,即投标报名阶段和夺标阶段。两个阶段是以招标预审为临界点,在此之前为投标报名阶段,通过预审即可进入夺标阶段。投标报名阶段主要是考虑对于某物业管理项目该不该报名;夺标阶段是策划如何使自己的企业中标。

一、投标报名决策

(一) 投标必要性分析

投标肯定要发生一定的费用,物业管理企业要分析所支出的费用是否有价值,是否对企业发展有利。前面我们谈到了物业管理投标的不同目的,如果某一目的能在投标的过程中实现,而且企业利益和费用相比,利益占优势,则投标是有必要的。

投标必然有风险,因此还要考虑投标所产生的负作用。负作用有两类:其一是未中标的负作用,其二是中标以后的负作用。未中标的负作用主要应从经济上进行分析。因为如果是为夺标而去投标,未能中标则投标过程的费用付诸东流。这里关键要看费用的大小、中标的概率和夺标迫切程度。如果企业专业技术力量雄厚,对投标过程中制作投标文件和答辩等各个环节非常娴熟,招标项目就在当地或与本企业的其他项目在同一地区,所需投标成本相对较低。即使不能中标损失也并不太大,其负作用是可以忽略的,有投标的必要。如果专业技术力量薄弱,投标文件需要请他人代为完成,或招标项目距离较远,差旅费用过高,投标成本太大,夺标把握不大时,没有必要投标。

未能中标对企业固然有一定风险,但对企业的危害并不十分明显。关键是中标后如果风险太大,可能会给企业造成无法弥补的损失。业内常常把投标分为风险标、保险标、保本标和盈利标,对于风险标应经过反复论证才能投标。风险标一般是指项目的实施难度较大,需要一定的技术装备、资金和专业技术人员,而且管理费用较高。一旦项目管理成功,利润丰厚,而且还锻炼了队伍,但如果项目管理失败,企业的经济和声誉都会蒙受很大损失。投标决策时要权衡利弊得失,决定是否有必要投标。

(二) 管好招标项目的可能性

应该根据招标项目和企业自身的条件,确定是否具备搞好该项目物业管理的可能。如果企业具有的条件太差,觉得没有把握管好,应该放弃投标。分析投标报名的条件应注意以下几个方面。

1. 项目经理

接管一个新项目应有合适的项目经理,这是企业领导投标决策的关键。有一些在业内很有影响的企业,在全国接管了许多项目,由于项目经理的匮乏,只好临时招聘仓促上阵,结果使项目得而复失,影响企业发展。而有的企业平时注意项目经理的培养和储备,不断接管新的项目使企业得到发展。项目经理应该具备的能力有：

（1）组建和管理项目班子的能力；

（2）解决突发事件的能力；

（3）处理技术问题的能力；

（4）公关协调能力；

（5）制定和实施计划的能力。

2. 专业技术人员

物业管理工作专业性强、技术含量高，必须有一支技术队伍，特别是设施设备运行、维护、保养的人员。当然物业管理可以将有些工作转托给专项服务公司，如水、电和电梯等维修工作。但即使是转托出去，日常使用中的运行操作和故障排除也还是要由物业管理企业自己的技术人员负责。为此在投标决策时，专业技术人员是决定投标的关键因素。搞好物业管理服务需要的专业技术人员大致有以下几类：

（1）经济方面

财会人员和经济分析人员。

（2）工程技术方面

建筑结构、给排水、电气、智能化等设备的运行和养护技术人员。

（3）管理方面

主要需要物业管理方面人才。过去我国没有设置物业管理专业，这方面的专业人才匮乏。自从上世纪90年代以后，许多学校都相继设置了这一专业培养了大批专业人才，物业管理企业应该尽量储备。

3. 技术装备

虽然物业管理服务不是工程的施工，不需要跟施工企业一样拥有那么多大型机器设备。但物业管理服务中，维护楼宇的正常使用和维持设施设备的正常运行的仪器、设备和工具，是必不可少的。现代建筑中，智能化的程度越来越高。即使可以将维修工作转托给专业维修公司，但为了排除运行中的故障，物业管理企业应该配备必要的检修仪器和工具。另外，现在装饰装修材料的档次也越来越高，对一些材料的清洁和养护，必须要有专用的设备和工具。如果招标项目确实需要这些装备，而企业不具备这些装备，同时也没有财力租用这些装备，则应放弃投标。

4. 招标项目的规模

物业管理区域的界定方法各不相同，物业管理规模大小相差悬殊。最小的项目只有建筑面积几千平方米，最大的项目建筑面积可达几百万平方米。如果企业没有接管过大的物业管理项目，不具有管理经验难以把项目搞好，也应放弃投标。

5. 企业自身项目饱满

根据企业自己的人力、物力和财力，目前所管物业项目已经饱和，再接新项目可能会捉襟见肘，不可能把物业管理服务搞好，则应该放弃投标。

6. 经济实力

现在许多项目招标都需要履约保证金，企业要视自身实力决定是否投标。如果没有富裕资金允许占压，只能放弃投标。

以上虽然我们排除了几种投标的可能，但如果企业创造了条件仍然可以投标，如引进人才、购置设备等。关键是创造条件需要投资,应根据回报情况进行经济分析。

(三) 夺标的可能性

夺标可能性分析主要是针对潜在投标人进行横向评价。按照有关法律规定,招标人不允许透露已获取招标文件潜在投标人的名称、数量等信息。但物业管理企业应该掌握市场动态,对于竞争对手要了如指掌。熟悉竞争者的运作规律,估计出可能投标的范围。然后再用自己的条件与各潜在投标人的条件,在人力、财力、物力、管理业绩和资信程度等方面逐一比较,通过比较确定中标的概率,决定自己的企业是否投标。

1. 资料分析

主要是对市场资料、竞争对手的有关资料和本企业以往投标历史资料。

2. 分析对手

主要分析对手的竞争能力和服务的特色。

3. 可行性研究

分析本次投标后,中标的可能性究竟有多大。

二、投标价格决策

投标价格的多少虽然不是决标的惟一尺度,但确实是一项十分重要的依据。因此投标价格是投标决策中十分重要的因素。物业管理投标价格就是物业服务收费价格,"是指物业管理企业按照物业服务合同的约定,对房屋及配套的设施设备和相关场地进行维修、养护、管理,维护相关区域内的环境卫生和秩序,向业主所收取的费用"(《物业服务收费管理办法》第二条)。合同的签订主要是以投标文件和招标文件为准,其中的投标价格就是最重要的内容之一,是投标文件的核心。

业主与物业管理企业可以采取包干制或者酬金制等形式约定物业服务费用。包干制是指由业主向物业管理企业支付固定物业服务费用,盈余或者亏损均由物业管理企业享有或者承担的物业服务计费方式。酬金制是指在预收的物业服务资金中按约定比例或者约定数额提取酬金支付给物业管理企业,其余全部用于物业服务合同约定的支出,结余或者不足均由业主享有或者承担的物业服务计费方式。投标报价时所采用的计费方式,已经在招标文件中确定。采用的是酬金制,可以回避成本测算。但目前采用酬金制较少,大部分招标项目都是采用包干制,因此现阶段的投标必须进行成本测算。

(一) 成本测算

成本测算是投标价格的根据,所报价格都是在此基础上修正调整而成。成本测算应该真实、可靠,各项取费最好以可能实现的最低市场价格为准。计算成本的项目以《物业服务收费管理办法》第十一条规定为准,"物业服务成本或者物业服务支出构成一般包括以下部分:

1. 管理服务人员的工资、社会保险和按规定提取的福利费等;
2. 物业共用部位、共用设施设备的日常运行、维护费用;
3. 物业管理区域清洁卫生费用;
4. 物业管理区域绿化养护费用;
5. 物业管理区域秩序维护费用;
6. 办公费用;
7. 物业管理企业固定资产折旧;

8. 物业共用部位、共用设施设备及公众责任保险费用;

9. 经业主同意的其他费用。

物业共用部位、共用设施设备的大修、中修和更新、改造费用,应当通过专项维修资金予以列支,不得计入物业服务支出或者物业服务成本。"

（二）报价策略

1. 分析对手

投标价格在高于标底的基础上,总是越低中标的可能性越大。但报价太低企业没有了利润空间,即使中标也没有任何意义。比较理想的投标价格是略低于其他投标人投标价格,为此应想方设法研究其他投标人的报价规律。投标价格是在投标预备会至投标截止日确定的,此时投标人已经相互见面,投标人的范围已经明确。因此,可以对其他投标人进行分析,找到他们投标价格的规律。经常投标的企业其报价规律是找得到的,但需要做大量的工作。按照《招标投标法》规定,公开招标开标时,"由工作人员当众拆封,宣读投标人名称、投标价格和投标文件的其他主要内容"（第三十六条）。各个投标人的投标价格是公开的,物业管理企业应当平时注意收集这些信息,留待报价前决策分析时使用。由于物业管理市场启动时间不长,各物业管理企业的投标信息还不多,就更应该不失时机地积累各种有关数据。只要企业收集的市场信息充分,各投标人的报价规律肯定能够分析出来。

2. 确定投标目标价格

这里所说的投标目标价格是指报价过程中,经过对竞争对手的分析而拟定的价格。然后再在此基础上对投标文件进行调整,最有可能实现的目标价格就是投标价格。在比较规范的市场上,各投标人成本测算的结果应该是相差无几。各投标人所报投标价格,都是在成本的基础上乘上某一系数或加上某一数值而成。投标价格的差异,主要体现在所乘的系数和所加的数值上,这实际上就是企业的利润。一个企业如果投标次数较多,你会发现同类物业的投标报价时所乘的系数或所加数值大多相近。因此,竞争对手的投标价格可以测知,略低于其他投标人的价格即为投标目标价格。

3. 调整投标文件

投标文件中所涉及到的费用预算,目前尚无定额和取费标准,只是业内习惯使用的计算方法。因此可以对计算结果适当调整,有意使其逼近目标价格,然后再把它定为投标价格。如果预算显失合理,也可对目标价格进行微调,最后再确定投标价格。

第五节 投标宣讲和答辩

招标投标不一定都要进行宣讲和答辩,许多领域的招标投标都没有这一环节。物业管理招标投标不同于其他领域的招标投标,必须要有宣讲和答辩,这并不是国家强制性的要求,而是物业管理市场行为的需要。物业管理招标投标是在全国逐渐开展的,各地在运行程序上有很大差异,但宣讲和答辩环节的设置却是不谋而合。

一、宣讲和答辩的意义

《招标投标法》中没有答辩环节,而《前期物业管理招标投标暂行办法》提到了"现场答辩"。这就说明一般意义的招标投标可以没有答辩环节,而对于物业管理招标投标这是必须的环节。参加现场答辩的投标人代表通常是投标企业的负责人和物业管理项目的负责人。

评委可以通过与他们的对话,了解企业的经营理念和负责人的个人素质。人的因素十分重要,因为管理和服务主要是靠人来实现。物业管理招标投标活动中的答辩,就是对人的检查手段。招标人和评标专家可以通过对投标文件的分析,对投标人的管理能力有所了解。但投标文件可以委托咨询机构代劳,不能反映投标人的真实水平。宣讲和答辩给业主代表、评委与投标人提供了一次交流的机会。实际上宣讲和答辩是业主和评委对投标人的面试,同时也是物业管理企业向招标人展示自己的素质和才干的大好时机。一般情况下,投标单位参加答辩的人员应该是企业负责人和项目负责人,企业和项目是否能够搞好,与其负责人的基本素质有直接的关系。通过宣讲和答辩主要可以反映出物业管理企业负责人和项目负责人的以下个方面的能力:

1. 逻辑思维能力;
2. 语言表达能力;
3. 理解问题的能力;
4. 应变能力;
5. 时间把握能力。

二、投标人宣讲

(一)方式

物业管理投标,现在基本上都采用多媒体投影仪投放幻灯片配合宣讲,图文并茂以求取得最佳效果。投放的图片最好不是简单的宣讲字幕,应该根据所讲内容配上插图。配图可以是静态也可以是动态,动态图像在技术上是完全可以实现的。

投标人参加宣讲和答辩的人数由招标人确定,一般是三个人,包括企业负责人和项目负责人再带一名助手。负责人中有一人主讲,助手负责操作计算机配合投影。另一负责人注意观察评委表情,分析评委关注的问题,揣测可能提出的疑问。

宣讲有时间的限制,一般要求在15~20分钟。宣讲不是讲投标文件的全部内容,而是扼要介绍有特色的重点。

(二)内容

宣讲的内容不是投标文件的重复,而是强调一些必须让评委注意的问题。因为有时阅标的时间并不充裕,评委不可能把几十万字,甚至上百万字的投标文件逐字逐句阅读并摘出重点。投标人非常想让评委了解的内容,也许并未引起评委的注意,所以要借此机会加以强调。

1. 本企业介绍

重点介绍资质等级和业绩,业绩主要介绍管业面积、管理项目数量、获优数目以及管理和服务的特长(紧扣招标项目来谈),几句话即可。

2. 管理计划

针对项目本身提出计划,分析项目的优势和劣势,容易出现哪些问题和如何解决这些问题。

3. 管理特色

管理特色是本企业在物业管理服务中独到之处。宣讲时要根据物业本身的特点阐述才能引起招标人和评标专家的兴趣得到高分。物业管理服务中各个问题都很重要,但总应该分出轻重缓急。如:一个设施设备非常复杂的超高层楼宇招标,招标人和评标专家所关心的是维护设施设备的完好,保证设施设备正常安全运行以及业主紧急疏散等问题。宣讲时应讲述本企业在设施设备管理方面的特色,包括经验、能力、业绩、措施以及紧急疏散的方案等。如果仍然大谈社区文化、家政服务等问题,而回避设施设备管理或漏出破绽,肯定分数受到影响。

4. 投标价格

重点是物业管理服务费计费方法。

5. 优惠条件

强调给业主带来的利益,让业主和评委感到真实可信。

(三)注意事项

1. 仪表

宣讲人举止要大方,穿衣最好是穿职业装,要朴素整洁;女性化装要淡雅,最好不要带头饰。

2. 语言

宣讲人一定要讲普通话,一方面可以让评委理解宣讲内容,另一方面也可以增加印象分。

3. 守时

宣讲人要注意规定的宣讲时间,每次招标评分标准不尽相同,有时超过时间和时间不到而且超过了允许误差都要影响评分。因此宣讲人应事先演习一下,如果时间有出入可调整内容。宣讲时先讲主要问题,把相对次要的问题后放,时间不够时可随时停止宣讲。另外还应预备几句可有可无的话,如果时间富裕再多说几句,这样就容易把握好时间。

三、现场答辩

答辩是投标人对评委现场所提问题的响应,一般要求投标人必须注意以下几个问题:

(一)熟悉投标文件内容

答辩人应参与投标文件的编制,对投标文件的内容了如指掌。因为一般评委的提问不会超出投标文件的范围,只是要求答辩人对其内容的某一问题作出深层的解释。但在评标时经常遇到这种情况,答辩人对投标文件中的问题竟茫然不知。这是投标中的大忌。

(二)熟悉法律法规

回答问题不能过于随意,要以法律法规的要求为准。法律法规是编制投标文件和回答问题的依据,答辩人必须非常熟悉。这也是对企业负责人和项目负责人基本素质的最低要求,因为如果管理者是一个法盲不可能将拟招标项目管理好。

(三)理解质疑问题

答辩人一定要听清并理解评委所提问题,然后再构思如何回答。由于答辩人要回答诸多评委问题必然有些紧张,常常没听清就急于回答,结果答非所问影响夺标。

(四)针对问题的核心回答

答辩人回答问题不要漫无边际的绕圈子,絮絮千言不知所云,应抓住问题的核心简要回答。如果恰巧问到自己非常熟悉的问题,而且回答时间又没有限制,可以对此问题深刻分析多占用一些时间,以减少评委问其他问题的机会。

(五)回答问题条理性强

回答问题时要注意到语言的组织,让人感到清晰有条理,而且在逻辑上不能自相矛盾。

第六节 夺标策略

绝大多数投标人投标的目的是为了夺标,要想夺标就必须重视每一项影响因素才能获得高分。决标是以综合分的大小排序,评标专家主要根据评分标准,对投标文件、宣讲和答辩进行评判。从物业管理招标投标开始迄今已近十年,许多企业已经具有十分丰富的投标经验。各企业编制投标文件,现场宣讲和答辩的水平接近,所得分数差别很小,有时仅体现在小数点后两位数上。在这种情况下,如果投标人能够扬长避短,争取在某一方有所突出,取得高分,则夺标的可能性就比较大了。

一、以价格取胜

前面我们已经说过的低价位报标是指分析出竞争对手标价,然后再以低于对方的价格报标。这种报价是相对低价,有一定的取胜可能,但也会有一定风险,因为预测的准确性有一定的概率。为了增加中标的可能,也可采取绝对低价报标,即零利润报标。

采用零利润报标的,一般都是在招标文件中和现场勘察时,发现了值得利用的东西可以变相产生利润。

(一)物业本身可以利用

《物业管理条例》第五十五条规定:"利用物业共用部位、共用设施设备进行经营的,应当在征得相关业主、业主大会、物业管理企业的同意后,按照规定办理有关手续。业主所得收益应当主要用于补充专项维修资金,也可以按照业主大会的决定使用。"有些物业本身就有潜在收益,只不过业主在招标时并没有发现或者说没有往那方面去想。投标人可在投标文件中列出详细利用计划,然后指出如果单一产权的业主或异产毗连房屋的业主大会同意本计划,则投标报价可以是某某价位。比如在物业管理区域内,有的楼宇较高或者位置较好视野开阔,适宜放置广告牌。这样会有丰厚的收入而且还不影响业主正常使用物业。《物业管理条例》允许按照规定办理有关手续进行经营,其收入可以按照业主大会的决定使用。如果经同意将收入冲抵公共设备运行的能源消耗费用,服务成本自然降低照样可以有利润。

(二)业主群体可以利用

物业管理企业接管物业以后,实际上已经控制了一个潜在的消费群体,即业主和使用人。这些消费者生活或工作在这个区域内,他们希望在最短的距离内得到快捷、高效、廉价、优质的服务。如果投标人有能力、有把握吸引住这些消费群体,也可以在物业管理常规服务上保本经营,而把利润体现在特约服务和其他服务上,这样所获得的利润可能相对更多。例如有一个高档别墅区坐落在城郊结合部,附近没有商业和其他服务设施。这就具备了吸引客户的条件,第一,这些人是高消费群体有支付能力;第二,生活不方便有消费需求;第三,没有供给竞争,物业管理企业独家经营。但要注意一点,服务质量要好,价格适当,否则这些人都有交通工具,客户照样可以流失。

(三)物业的使用功能本身值得利用

物业管理企业接了物业以后,就进入了与物业有关的服务体系之中。如果整体的服务体系中,有一些尚待补充的环节有利可图,也可以零利润报标。如有一物业管理企业零利润接管了一家医院,他们知道医院需要"特护"。于是他们组建了一支庞大的"特护"队伍,既解决了医院的困难、患者的困难和家属的困难,企业也得到了应得的利润。

（四）利用索赔

在各类投标中都有零利润报标，然后再利用索赔获利的先例，物业管理的投标也可以采用。有时招标人没有经验或一时疏忽，在招标文件或提供的资料中出现纰漏。投标人并不指出存在的问题，而等合同签署以后或者物业管理服务之中再提出无法实施的理由，迫使招标人修改合同并承担违约责任并从中获利。

二、以服务质量取胜

消费者在选择商品时主要看质量价格比，价格相同的条件下优质者必然获胜。按照一般的规律，质量的好坏与服务成本成正比。也就是说，价格相同时质量也应该一样。但各个企业有不同的条件，如技术装备、员工理念、经验等，完全可能等价而不等质。有优势的企业，可以在投标文件中和宣讲时突出这方面的内容，取得评委的信任而由此中标。

三、以特色取胜

所谓特色应该是本企业独到之处，其他企业很难效仿。但现在物业管理企业之间的信息透明度很大，资质等级相同的企业服务雷同。因此这里所说的特色是指针对性，不同的物业有不同的客观条件，投标人应该针对具体某一物业的特殊情况，提出管理和服务的特色。投标文件一定要根据物业的特点，编制有针对性的管理方案，切忌投标文件千篇一律，洋洋千言不知所云。评标时经常看到一些投标文件，篇幅很大却找不到与招标项目有关的内容。这种投标文件给人的感觉是"放之四海而皆准"，随便在哪投标都可以使用。有些投标人委托咨询机构编制一份投标文件，如有招标只更换项目名称、地址、招标人等就去投标。这样的投标人中标的机会是非常少的。

四、以资信取胜

资信程度也是评标因素之一，对资信的管理已经纳入了行业行政管理范围之内。资信程度主要从企业资质等级、业绩、获优项目数目和投诉率等方面反映出来。物业管理企业资信程度不是供求关系确定环节形成的，而是物业管理市场上商品交换过程中逐渐形成的，因此必须加强日常管理，才能不断承接新项目使企业得到发展。

五、以优惠条件取胜

业主和评委比较注意的一个问题就是投标人所提出的优惠条件。特别是单一产权物业的业主，更想通过优惠得到更多的利益。投标人经常提到的优惠条件有：增加履约保证金、设置免费服务项目以及改善某些设施等。

复 习 思 考 题

1. 什么是物业管理投标？
2. 物业管理投标的目的有哪些？
3. 现场勘察的目的是什么？
4. 物业服务成本或者物业服务支出构成一般包括哪几部分？
5. 投标人宣讲的主要内容包括哪几方面？
6. 投标人答辩必须注意哪几个问题？
7. 如何理解以服务特色取胜？

第十一章 投 标 文 件

第一节 投标文件的主要内容

一、投标函

投标函是投标人给招标人的信函,主要的作用是想通过此函向招标人表示投标意愿、投标报价以及中标后的履约保证等。

投标函(参考文本)

_____(招标单位):

1. 根据已经收到的你单位物业管理招标文件,按照《前期物业管理招标投标管理暂行办法》规定,我单位经过现场考察和对招标文件的研究,现决定以人民币_____元的合同期总价(或以每平方米每月管理费额报标),按招标文件中的合同条件和有关资料所提出的要求,承接该项目的物业管理。

2. 一旦我方中标,将按招标文件的规定如数交纳履约保证金_____元。

3. 除非另有协议生效,你单位的中标通知和本投标文件将构成约束双方的合同。

4. 我方愿以人民币_____元的投标保证金递交投标人。

投标人:(盖章)
单位地址:
法定代表人:(签字、盖章)
邮政编码:
电话:
传真:
开户银行名称:
银行账号:
开户行地址:
电话:

日期:_____年_____月_____日

二、投标单位概况

(一)企业简介

1. 名称
2. 法定代表人
3. 公司成立时间
4. 公司注册地址
5. 邮政编码

6. 电话

7. 传真

8. 电子信箱

9. 投标联系人

10. 公司开户银行及账号

11. 资质等级

(二) 投标单位在管物业的概况

1. 管理项目的数量

2. 在管项目名称

3. 管理面积

4. 管理物业的类型

(三) 主要业绩和问题

1. 国家示范项目情况

2. 省级优秀项目情况

3. 重大表彰

4. 投诉记载(可由监督管理机构核实,投标人如隐匿不写,除按评分标准打分以外,还应适当扣一些诚实分)

(四) 技术装备

是指对物业管理、维护、保养和检修所使用的主要仪器、机械、设备、通讯器材、大型工具和运输工具等。其中应将企业全部技术装备、已经占用的技术装备、现在剩余的技术装备和允许协调使用的技术装备分别列出。主要项目有:

1. 名称

2. 型号

3. 数量

4. 出厂时间

5. 产地

(五) 人力资源

主要介绍企业的专业技术力量,包括:企业经理、项目经理、部门经理、工程技术人员、业务骨干和高级技工等。其中应将企业的全部专业技术力量、剩余的专业技术力量和可以协调利用的专业技术力量分别列出。值得注意的是为了保密起见,可以不写这些人的姓名(主要依招标文件的要求而定),主要项目有:

1. 学历

2. 所学专业

3. 专业技术职务

4. 个人简历

5. 是否具有相应的岗位资质等

三、物业管理方案

(一) 待管项目分析

主要分析项目的特点,有哪些优势,存在什么问题,以便在制定方案时针对问题提出解决问题的具体措施。
1. 环境分析
2. 物业本体分析
3. 设施设备分析
4. 业主群体分析
（二）采取的管理方式
1. 内部管理框架
（1）公司机构设置
（2）项目管理框架
（3）制约机制
2. 人员配备
（1）岗位设置
（2）各岗位人员配备（正式工与临时工的比例）
（3）现有职工取得岗位资质证书的人数
（4）全员培训计划
（5）激励机制
3. 物业管理主要环节的运作流程
（1）接管验收
（2）业主入伙
（3）装修管理
（4）各项常规服务的日常管理
（5）专项服务
4. 管理规章制度
（1）岗位责任制
（2）各岗运作制度
（3）档案管理内容及制度
（4）运行管理中的服务项目及服务内容
（5）巡检制度
（6）薪酬奖惩制度
5. 公共制度
（1）公共契约
（2）业主须知
（3）物业使用手册
6. 针对该项目的特点所采取的措施
（三）所能达到的服务质量
1. 服务频度
2. 服务质量标准
3. 检查方法

四、对招标文件中合同条款内容的确认和响应

五、投标人的管理优势及其他管理承诺
（一）自身优势
（二）相关优惠条件
（三）特殊的承诺

六、项目管理费用的财务计划
（一）财务计划测算依据
（二）经费收支预算及分析
（三）收费项目及具体构成
（四）管理费收费标准
（五）计算方法

七、管理工作必备的物质装备计划情况
（一）原有的装备
（二）补充的装备
（三）拟占用的房屋
（四）合同期内装备使用计划书

八、投标书附录
（如所交为复印件中标后将核实原件）
（一）公司营业执照及物业管理资质证书
（二）详细列出管理所需物料、设备清单
（三）管理业绩证明
（四）人员个人资格证明

九、投标保证金

十、法定代表人资格证明书

十一、授权委托书

十二、报价表

十三、辅助资料表

十四、资格审查表（资格预审的不用）

十五、按招标文件要求提交的其他资料

第二节 投标文件的形式和包装

一、招标文件的要求

投标文件的内容不仅要按招标文件的要求编写，而且投标文件的形式和包装也要符合招标文件的要求。因为其中影响到保密的问题，如果违背招标文件要求容易泄密，只能按废标处理。所涉及的事项主要有：

（一）投标文件用纸
投标文件用纸至少在以下三个问题上要求一致：
1. 纸质
2. 规格

3. 颜色

（二）打印出的文字

1. 字型

电脑中常用的字型有很多种，招标文件应统一规定字型，实践中大多用宋体字。

2. 字号

投标文件的字号可以都用一种字号，也可以标题和正文分别选用字号，但要全文保持一致。

（三）装订方式

目前投标文件的装订五花八门，但呈给评委看的副本装订必须一致，力求简单，不假修饰。

（四）封面

招标投标服务机构或政府监督部门可以统一制作封面，装订在副本上。正本封面可以不作要求。

（五）包装

包装在以下几个问题应统一要求：

1. 投标文件各部分分包方法
2. 包装用纸
3. 密封要求
4. 外包装的书写要求

二、企业形象的需要

形式和包装是内容的载体，是投标人向招标人第一次传递信息。在招标人没有看到投标文件内容之前，第一印象就是包装。在招标文件允许的范围之内，投标文件尽量精美一些，但也不必奢华。物业管理投标刚开始时，有的投标人到印刷厂用高档铜板纸印制投标文件，其实大可不必。这既容易泄密，也是一种浪费。投标文件是代表了企业的形象，应以"雅"为主。

第三节　制定投标文件的几个关键问题

一、管理措施

（一）针对招标项目而定

管理措施要针对项目的自身特点制定，主要应对项目的"硬件"和业主群体进行分析。"硬件"主要看设施设备，根据设施设备的技术含量确定管理措施。业主群体分析主要按收入水平和知识层次细分，然后针对不同的消费群体制定管理措施。

（二）惟一性

物业具有惟一性，管理措施也应是惟一的，万万不可千篇一律。有些物业管理企业只准备了一份投标文件，拿着它到处投标。最多只在地址、面积、物业用途等方面稍作调整又当一份新投标文件接着去别处投标，结果中标概率非常低。

（三）可行性

管理措施不能言过其实，必须是切实可行的。本企业很难做到的事绝对不要写入投标文件,否则无法实现时将会承担违约责任。

二、投标价格

招标投标竞争主要看投标报价的大小,价格是决标的重要依据。在前面的报价策略中已进行了讨论。

三、服务质量

投标文件中对服务质量标准的描述应该详尽,而且要按不同范围和内容分别表述。服务质量标准切忌含混不清,能量化的一定要量化。如:服务的频度,可以写清一天几次或多长时间一次。也不要以为服务质量越高越好,好的投标文件中所确定的服务质量标准,应该与物业硬件和所需费用相匹配。如果不顾实际情况一味追求高质量,从其他标书上摘章觅句,以至于质量高到按现有的硬件和费用根本无法实现时,肯定不能中标,即使中标将来也要承担违约责任。

四、承诺的优惠条件

优惠条件肯定能吸引招标人,但要有的放矢根据招标人最迫切需要提出。同时也要注意控制成本,最理想的办法是合理利用内部资源,在不增加成本或少增加成本的前提下无偿增加服务项目。

复习思考题

1. 物业管理方案包括哪几项主要内容?
2. 投标文件在形式上通常有哪些要求?
3. 指定招标文件时应注意哪几个关键问题?

第十二章 物业管理决标

第一节 决标的原则

一、公开、公平、公正的原则

（一）公开

开标有两种形式：一种是公开进行，另一种是秘密进行。公开开标是事先公布开标时间和地点，并在邀请所有的投标人参加的情况下当众开标。秘密开标不通知投标人参加开标，而由招标单位和有关专家秘密进行。有时招标人请政府有关人士参加，以示公正。我国目前不允许秘密开标，《招标投标法》第三十四条规定："开标应当在招标文件确定的提交投标文件截止时间的同一时间公开进行；开标地点应当为招标文件中预先确定的地点。"法律强调开标必须公开进行，而且开标地点是招标文件中预先确定的，这是强制性规定任何单位不得违反。

（二）公平

公平是指给每个投标人均等的机会，评委应一视同仁，不得歧视任何一个投标人。为了保证这一原则的实施，评委所阅投标文件不允许显示任何投标单位的标记。评委只对某份投标文件打分，并不知道该投标文件是哪个单位所投。

（三）公正

公正就是要求评标时按照公布的标准对待所有的投标人。评分办法和评分标准事先告知所有投标人，评委必须按公布的评分办法和评分标准打分。评委对各投标文件进行评审比较，推荐合格的中标候选人。招标人根据评标委员会提出的书面报告和推荐的中标候选人确定中标人，也可以授权评标委员会直接确定中标人。评委必须遵守回避制度，与投标人有利害关系的人不得进入相关项目的评标委员会；已经进入的应当更换。评委应当客观、公正地履行职责，遵守职业道德，不得私下接触投标人，不得接受投标人的任何馈赠或其他好处。

二、保密的原则

"招标人应当采取必要的措施，保证评标在严格保密的情况下进行。"（《招标投标法》第三十八条）。评标保密是评标公平、公正的具体体现。只有评标委员会成员在严格保密的状态下，按照招标文件事先规定的标准和方法评标才能保证客观公正。招标单位或招标代理人应当给每一个评委准备好封闭的评标室，而且评委不得持有任何通讯工具，隔断评委与外界的一切联系。保密可以避免与招标投标有关的当事人接近和贿赂评委，影响评委的意见、看法和决定，乃至评标结果。

三、独立评标的原则

"任何单位和个人不得非法干预、影响评标的过程和结果。"（《招标投标法》第三十八条）。评标委员会是由经济、法律和相关技术的专家组成。评标过程就是将这些专家的独立意见综合，对每个投标单位进行客观比较决定中标单位。评标中强调独立是非常重要的，独立意见是不受任何干扰,不仅不能受投标人干扰,也不能受政府的干扰、招标单位的干扰和评委相互之间的干扰。评标是复杂的标书评议过程,是最后决标的基础,其结果必须是由各评委独立评出。

第二节 决 标 程 序

一、决标流程图(如图 12-1 所示)

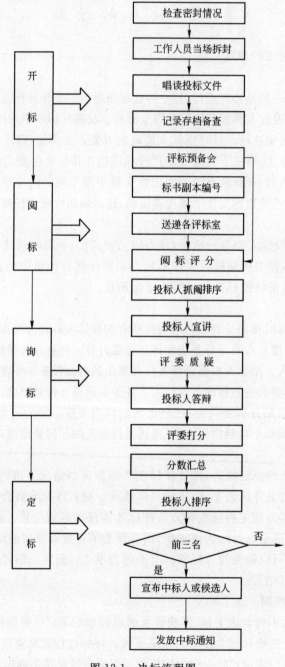

图 12-1 决标流程图

二、主要环节的操作过程

(一)开标

开标的时间和地点都是在招标文件中事先确定的,开标由招标人主持,邀请所有的投标人参加。如果招标委托代理机构代理,开标也可以由代理人主持。

1. 检查密封情况

开标是在接受标书截止日进行,此前有些投标单位已经将投标文件递交。也就是说,投标文件自从递交以后到投标截止日已经经历一段时间。虽然法律规定了投标文件必须妥善保管不得开启,但从理论上很难排除出问题的可能,因此开标前必须对投标文件认真检查。

(1) 投标人或者其推选的代表检查投标文件的密封

当投标人较少时可以由投标人自行检查;当投标人较多时可以由投标人推举代表检查。主要检查投标文件是否密封良好,有无密封不严或存在他人开启投标文件的可能。

(2) 招标人委托公证机构检查并公证

招标人也可以请公证专职人员进行检查并进行公证。

无论是投标人检查还是公证机关检查,只要发现密封被破坏的投标文件,立即作为废标处理。

2. 工作人员当众拆标

在投标人或公证人员检查后,对密封良好的投标文件由工作人员在所有现场人员监督下当众拆封。招标人不得以任何理由拒绝按规定时间递交的投标文件,不得有选择地拆封,不得内定中标人。要求当众拆封是所有按时递交投标文件的投标人的权利,同时也是招标人的法定义务。

3. 唱读投标文件

工作人员开封后,应当当场高声唱读投标文件的主要内容,包括投标人的名称、投标报价和其他内容。但物业管理招标投标比较特殊,有时不一定都要唱读投标文件。对于物业管理的招标投标,投标价格虽然也很重要但不一定是决定因素,有些低档住宅的物业管理项目收费标准物价管理部门已经限定,投标人之间竞争的是服务质量,而服务质量标准、检查质量的方法、实现质量要求的保证措施都不是短时间能够唱读的。即使没有限价,物业管理招标投标相对来说更重视投标文件的整体内容。没有任何正当理由一味压低投标价格,偏离标底太多以致于低于成本时评委往往要给这类标书扣分。投标文件中,除投标价格以外的其他内容所占比例很大,包括服务质量、管理制度、运作流程等。有时一份投标文件有几十万字甚至上百万字,不可能拆封时当场宣读。通常是当众拆封后立即将评标专家封闭起来,由评标委员会安下心来慢慢审阅综合打分。如果质量要求在招标文件中已经确定,把投标报价作为确定中标人的主要因素,可以唱读标书。但要注意一个问题,不能让评委知道每份投标文件的投标人。因为如果评委对某企业有倾向性,而唱标时从投标文件的外观上知道了每份投标文件的投标人,在打分时肯定会有失公正。此时可以让评委暂时回避,因为评委是可以看到投标报价的,听不到唱读不影响评标;或者由工作人员先把投标报价归纳到表上,然后再持表唱读投标报价。

4. 记录存档备查

对开标过程应当作好记录并存档,以备将来查找。这是国内外有关招标投标立法都要涉及到的内容。开标前招标人或其代理人应当安排记录人员,对开标的全过程如实记录并存入档案。记录可采取书面形式或电子档案,以备以后查找方便。这是保证和维护当事人合法权益的必要措施,也是行业管理的必要手段。开标后如果当事人感觉权益受到侵害可以提出复查,已经存档的记录将是解决问题最为有效的证据。

(二)阅标

1. 标书副本编号

为了做到评标过程的保密,评委只对某一份投标文件打分而不得知道该投标文件的投标人,因此必须对投标文件进行技术处理。工作人员给每个投标人的投标文件编好顺序号,评委只对某号投标文件打分而不知投标者是何许人。在招标文件中应对投标文件的形式提出要求,投标文件的正本和封套都可以写上有关投标人的企业名称的相关内容。但评委阅标使用的副本不得写有任何能够显示特定企业信息的文字和标记。副本的数量最好与评委数一致,每个评委一份,可以在阅过的投标文件上就发现的问题标记,以备答辩时提问。也有些物业管理的招标投标文件副本较少,由工作人员在评委之间穿插送递。这种形式答辩时不太方便,而且工作人员频繁出入评标室泄密几率高。

2. 将投标文件送递各评标室

工作人员把已编号的投标文件按每个评委一套送往各评标室。也有的评标只给每位评委一份投标文件,审阅完以后再换一份。但这种方法不能对每份投标文件横向比较,分数的把握很难十分准确。

3. 评标预备会

评标预备会是评标前评标委员会的一次碰头会。会议应由招标人或其代理人主持,会上要向评委介绍物业管理项目的基本情况,并对评标所涉及的评标内容、评标标准和评标方法等,由招标策划者作必要的解释。

4. 阅标评分

阅标评分是评标委员会的专家对投标文件审阅和评分的过程。投标文件是决标的主要因素,所得分数在决标中占有相当大的比例。招标人预先印制评分表供评委打分使用,有的评标室备有电脑也可直接将评分结果敲进电脑。评分表的设计大致分为以下几项:

(1) 序号

(2) 内容

(3) 权重

(4) 分数域

(5) 评分标准和要求

(三)询标

《招标投标法》第三十九规定:"评标委员会可以要求投标人对投标文件中含义不明确的内容作必要的澄清或者说明,但是澄清或者说明不得超出投标文件的范围或者改变投标文件的实质性内容。"《招标投标法》所说的"澄清或者说明"在招标投标实践中称为"询标"。询标在招标投标过程中是十分重要的程序,可以保证评标的公正性和科学性。物业管理中的许多问题是无法用文字描述清楚的,单纯凭借阅读投标文件有时并不能全部了解投标人的本意。通过评委与投标人的交流,可以澄清投标文件中的有关内容,确定公平合理的分值。《招标投标法》没有规定询标采用的形式,但在《前期物业管理招标投标管理暂行办法》规定可以采用书面形式。《招标投标法》没有提及"现场答辩",《前期物业管理招标投标管理暂行办法》提到了"现场答辩会"。在物业管理招标投标实践中,往往把现场答辩融入询标过程中,成为其中重要组成部分之一。而且询标时也大多不用书面形式,仅以口头形式交流。同时,物业管理招标投标又将询标意义进一步延伸,成为了解项目经理能力的重要手段。询标有投标人宣讲、评委质疑、投标人答辩等几个重要环节。

1. 投标人抓阄排序

为了公平公正,询标时投标人出场顺序应该是随机的,一般是通过抓阄来解决。

2. 投标人宣讲

投标文件本身的水平,评委阅标评审时已经全面了解。评委聆听宣讲的意义就在于,对投标文件中文字未能表达清楚的问题,试图在投标人的宣讲中找到答案,另外还可以考察出投标单位负责人和项目负责人各方面的能力和基本素质。评委对投标人宣讲评分主要内容有:归纳问题的能力、时间把握能力、逻辑思维能力、语言表达能力、遵守纪律和投标人的仪表等。

3. 评委质疑

质疑是评委在阅标时和聆听宣讲过程中发现问题的询问,或评委为了考核投标人的能力而就投标文件范围以内的问题深入探讨。评委可以指定投标人的单位负责人或项目负责人回答。招标人在策划招标时,应根据投标人数多少限制评委提问数量和占用的时间,而且评委应当围绕投标文件提问。经常涉及的问题大致有以下几个方面:

(1) 投标文件中所涉及的法律问题;

(2) 投标文件中所涉及的专业技术问题;

(3) 投标文件中的某些数据的来源;

(4) 投标文件中的某些概念的解释。

4. 对投标人答辩的评判

(1) 能否准确理解评委问题;

(2) 熟悉相关法律法规的程度;

(3) 对招标文件的每一个细节理解和熟悉的程度;

(4) 回答问题的条理性;

(5) 回答问题的准确性。

5. 评委打分

(1) 对现场答辩人员打分

对参加现场答辩人员的打分,也可以放在对企业资信程度评分中。因为参加答辩的人是企业和项目的负责人,在企业人员介绍中肯定要涉及到。评分可以参照表12-1。

现场答辩人员评分表　　　　表12-1

序号	项目	评分标准	分数
1	学历	中专毕业为□分,大专毕业为□分,本科以上为□分	
2	职称	初级职称为3分,中级职称为□分,高级职称为□分	
3	岗培资格	已取得资格证书□分	

续表

序号	项目	评分标准	分数
4	是否担任过职务	曾经担任过企业经理□分 曾经担任过项目经理□分 曾经担任过部门经理□分	
合计	—	—	

(2) 宣讲打分

对宣讲的评分,要根据宣讲的内容从几个方面确定得分点,详见表12-2。

宣讲评分标准表　　　　　　　　　　　　　　　表12-2

序号	项目	权重	分数域	评分标准和要点
1	归纳问题能力			1. 对投标文件重点的把握 2. 谈吐
2	时间掌握能力			1. 占用时间为□分钟 2. 误差不超过□秒给满分 3. 时间已到未讲完扣□分 4. 提前讲完,每提前□分钟扣□分
3	逻辑思维能力			1. 重点突出 2. 条理性强 3. 逻辑推理正确
4	语言表达能力			1. 吐字清楚 2. 语言简练、规范 3. 无赘语、无语病
5	遵守纪律			无违纪现象
6	仪表			1. 着装整洁 2. 修饰得体 3. 举止大方
合计		—		

(3) 对答辩的评分

答辩的评分与宣讲评分有许多相近之处,不过要增加一些相关内容,参见表12-3。

对答辩评分　　　　　　　　　　　　　　　表12-3

序号	项目	权重	分数域	评分标准和要点
1	理解能力			1. 听清评委问题 2. 听懂评委问题 3. 把握问题核心
2	熟悉法规			1. 国家法规 2. 项目所在地的地方法规

续表

序号	项目	权重	分数域	评分标准和要点
3	回答问题			1. 把握问题核心 2. 回答正确
4	熟悉投标文件			1. 知道文件中数据来源 2. 能解释文件涉及的概念
5	逻辑思维能力			1. 重点突出 2. 条理性强 3. 逻辑推理正确
6	语言表达能力			1. 吐字清楚 2. 语言简练、规范 3. 无赘语、无语病
7	遵守纪律			无违纪现象
8	仪表			1. 着装整洁 2. 修饰得体 3. 举止大方
合计		—		

（四）定标

定标是招标投标的最后一个环节，按综合打分和预定权重计算总分并排序。《前期物业管理招标投标管理暂行办法》第三十四条规定："评标委员会经评审，认为所有的文件都不符合招标文件要求的，可以否决所有的投标。依法必须进行招标的物业管理项目的所有投标被否决的，招标人应当重新招标。"投标文件应按国家的有关规定和招标文件的要求编写。如果所有投标人的投标文件都符合要求，则评标委员会可将投标文件横向比较评分，如果都不符合要求则可以全部否决重新招标。

1. 分数汇总

分数汇总是将各项得分，根据预先确定的权重，逐级汇总到一起。

2. 投标人排序前三名

评标委员会评标后，根据计算结果向招标人提出书面评标报告。报告中阐明评标委员会对各文件的评审和比较意见，并按综合评分结果排序，按顺序推荐三名中标候选人。

3. 宣布中标人或候选人

对评标结果招标人应当场公布。招标人应当按照中标候选人的顺序确定中标人。当确定的中标候选人放弃中标或者因不可抗力提出不能履行合同的，招标人可以依序确定其他中标候选人为中标人。

4. 发放中标通知

对最后确定的中标人，招标人应当向其发出中标通知书，并限定在30日内签订合同。同时将中标结果书面通知所有未中标的投标人。

5. 书面报告

《物业管理条例》第四十七条规定："依法必须进行招标的项目，招标人应当自确定中标人之日起15日内,向有关行政监督部门提交招标投标情况的书面报告。"

物业管理招投标招标人应当自确定中标人之日起15日内,向物业项目所在地的县级以上地方人民政府房地产行政主管部门备案。备案资料应当包括开标评标过程、确定中标人的方式及理由、评标委员会的评标报告、中标人的投标文件等资料。委托代理招标的,还应当附招标代理委托合同。行政监督部门可将书面报告制成规范的表格,招标人按表格填写即可。其主要内容如表12-4所示。

(1) 基本情况(见表12-4)

招标投标基本情况　　　　　　　　　　　　表12-4

项目的名称	
建筑面积	
坐落地点	
对投标申请人的资质要求	
招标范围	
投标截止时间前递交投标文件的投标人名单	
逾期递交投标文件的投标人名单	
未递交投标文件的投标人名单	

(2) 评标专家情况(见表12-5)

评标专家情况表　　　　　　　　　　　　表12-5

确定方式	□ 随机抽取　□ 直接确定		确定时间		年　月　日	
确定总数量	人	招标人		人	评标专家	人
姓 名	性 别	年 龄	工 作 单 位		职 务	

(3) 投标申请人资格审查情况(见表12-6)

投标申请人资格审查表 表12-6

投标申请人名称	内容		
	资质等级、年检是否符合要求	营业执照是否年检	相关规定要求的证件是否符合要求

(4) 投标文件符合性鉴定(见表12-7)

投标文件符合性鉴定表 表12-7

投标申请人名称	内容		
	投标文件密封情况	投标文件编制情况	投标文件加盖公章和法定代表人印鉴情况

(5) 投标文件符合性鉴定说明(见表12-8)

投标文件符合性鉴定说明 表12-8

投标申请人名称	符合性鉴定具体情况说明

(6) 无效标和废标情况(见表12-9)

123

无效标或废标情况表　　　　　表 12-9

投标申请人名称	无效标或废标原因说明

(7) 评标情况(见表 12-10)

评 标 情 况 表　　　　　表 12-10

评标标准		评标方法				标　　底		
评标情况说明								
名次	中标候选人	技术部分		经济部分		资信部分		答辩部分		综合得分
		权重	分数	权重	分数	权重	分数	权重	分数	

(8) 随本报告递交的资料明细(见表 12-11)

资 料 明 细 表　　　　　表 12-11

序　号	资 料 名 称	份　数	页　数	备　注

(9) 招标人登记签署(见表 12-12)

招标人登记签署表　　　　　　　　表 12-12

报告编制人	（签字、盖章）	编制时间	年　月　日
招标代理机构	（公章）　　负责人：(签字、盖章)		年　月　日
招标人意见	（公章）　　负责人：(签字、盖章)		年　月　日
招标人登记时填写	登记送达人		登记送达时间	年　月　日
	送达人单位		联系电话	

（10）招标登记承办情况（见表12-13）

招标登记承办情况表　　　　　　　　表 12-13

登记签收人		签收时间	年　月　日

登记承办意见：

　　　　　　　　　　　　　　　　　　　　　经办人(签字、盖章)：
　　　　　　　　　　　　　　　　　　　　　　　　年　月　日

部门负责人意见：

　　　　　　　　　　　　　　　　　　　　　部门负责人(签字、盖章)：
　　　　　　　　　　　　　　　　　　　　　　　　年　月　日

备　注	

（11）招标登记结果（见表12-14）

招标登记结果表　　　　　　表 12-14

登记意见：

　　　　　　　　　　　　　　　　　　　　　　　　　年　　月　　日

招标人领取时填写	登记表领取人		领 取 时 间	年　月　日
	领取人单位		联系电话	

第三节　决　标　技　术

决标是物业管理招标投标过程中技术含量最高、技术性最强的一个环节，因此要请一些业内专家来完成。在招标策划时，就应考虑影响评分项目、评分标准、评分方法和各项影响评分因素在总分中所占权重。按照《招标投标法》的要求，这些内容应该事先公布。

一、评标的内容

评标的内容主要指影响评分的诸多因素。影响决标的因素有很多，不同的地区不同的招标项目，影响因素的多少和归类也有所不同。但按照国家的有关要求和行业惯例，大致可将影响因素分为四大类，每一类还可逐级往下细分。

（一）技术部分

技术部分是物业管理服务的技术指标，以及实现这些技术指标的保证体系。其中有：

1. 服务内容

（1）常规性服务

（2）专项服务

（3）特约服务

2. 服务标准

（1）服务频度

（2）质量要求

3. 检查方法

（1）目测

（2）仪器检查

（3）人工计数

4. 运行程序

（1）接管验收

（2）入住

（3）装修

(4) 常规管理和服务

5. 人员配备

(1) 岗位设置

(2) 每个岗位的人数

(3) 业务骨干简历

6. 有关制度

(1) 公众制度

(2) 岗位责任制

(3) 管理运行制度

(4) 员工考核制度

7. 技术力量

(1) 技术装备

(2) 技术人员

(二) 经济部分

该部分主要都是经济指标,是实现项目管理的经济基础,也是决定是否能够中标的关键,既要保证项目是可行的,又要在投标人中间有竞争力。

1. 物业管理服务费

2. 特约服务费

3. 项目收支预算

(1) 年收入预算

(2) 年支出预算

4. 投标报价

(1) 合同期总价

(2) 每平方米建筑面积或每一单位时间的收费

(三) 资信部分

这是考核投标人在市场上和社会上的影响程度和在行业内的位置。

1. 资质等级

2. 信誉

(1) 投诉记录

(2) 解聘记录

3. 管理业绩

(1) 国家示范项目

(2) 省级优秀项目

4. 项目经理业绩

(1) 个人获奖

(2) 管理项目获优

(四) 现场答辩

主要是对企业负责人和项目负责人的基本素质、基础知识和基本能力的考核。

1. 宣讲

(1) 把握时间
(2) 遵守纪律
(3) 表达能力
2. 回答问题
(1) 理解评委所提问题能力
(2) 逻辑思维能力
(3) 回答问题准确性
(4) 对相关法规掌握程度
3. 答辩人的形象
(1) 仪表(包括衣着装束和修饰)
(2) 举止
(3) 谈吐(包括语言组织和是否会讲普通话)

二、评标的标准

评标的标准是评审投标文件过程中,评委衡量投标文件满足招标文件要求程度的依据,是评委给每份投标文件打分的准则。在物业管理评标的实践中,经常见到的评标标准有:价格标准、质量标准、综合标准和其他标准。

(一) 价格标准

价格标准是在其他影响评标因素已经确定的前提下,仅对投标价格进行比较。价格标准一般适用于招标项目有通用性技术要求,招标文件中很容易把质量标准和技术要求表述清楚,仅比较投标报价就能确定中标候选人或中标人。物业管理招标投标的评标中,有时可以把服务内容、质量要求、检查标准和管理制度等在招标文件中确定下来,评标时仅比较投标报价。普通住宅的综合性常规服务,可直接采用建设部颁布的《普通住宅小区物业管理服务等级标准价格标准》;各种类型物业管理中的专项服务,也可由招标人设定服务的要求,比较投标报价,如某些设备的维修其服务范围、内容、标准等比较容易确定,可以采用价格标准。价格标准比较直观清晰,很容易对投标文件量化排序得到理想的结果。

(二) 质量标准

质量标准属于非价格标准,是在商品或服务的价格及其他各方面的条件已经限定的情况下,仅对质量进行比较。物业管理招标投标中经常遇到这种情况,服务内容和范围首先界定清楚。服务收费的价格标准或由政府限定,或招标人已经在招标文件中规定,投标人仅对服务质量详细描述,作为评标比较的依据。类此情况评委阅标时应注意以下几个问题:

1. 投标人承诺的服务质量标准

评委在阅标时,首先应根据该招标项目的硬件条件、招标文件中规定的服务范围、服务内容和收费限制,确定可能实现的最理想的服务质量标准。然后再审阅各投标文件,根据投标人承诺的服务质量标准逼近理想质量标准的程度打分。值得注意的是不一定质量越高分数越高,分数的高低主要从以下几个方面确定:

(1) 服务标准要具体

过于原则的质量标准,评委无法想象服务活动所能实现的最终结果,肯定不会得高分。比如对物业管理区域内绿化服务质量标准的承诺,仅用"四季常青"四个字来表示,评委不会给高分。因为这四个字表示质量过于模糊,不知是每一株植物四季常青,还是某一株植物四季常青。如果是前者标准很高,特别是在北方几近不能实现;如果是后者标准很低,几乎不需要成本就能做到。要想得到高分,质量标准就要具体而且针对性强。

(2) 服务标准可量化

评委评标时要对服务质量标准进行定量分析。如果投标文件已经量化了质量指标,评委可直接评分省去很多麻烦。如果投标文件中质量标准只有定性描述而无定量指标,评委也要设法量化然后评分。

(3) 服务标准应适度

投标文件中的质量标准应与可能实现的质量标准接近,过高或过低都应减分,并不是质量越高越好。如果投标人不负责任随便承诺无法实现标准,分数反而应该下调,质量标准适度应该得到高分。

2. 质量检查方法

对应不同部位不同的质量标准,有不同的检查方法。无法检查的质量标准,没有任何意义。物业管理的质量检查有目测、借助于仪器和其他物品检查等各种方法。

(三) 综合标准

综合标准是价格标准和非价格标准的结合,评标时既要考虑价格因素,也要考虑到质量、投标人的资质和技术装备等各种因素。综合标准应反映出某投标文件的综合水平,评委应考虑到各种影响评标因素,给出符合投标文件水平的综合成绩。非价格标准和综合标准都比较复杂,必须对每项影响因素确权,请经验丰富的评委打分最后才能得到合理总分值。

(四) 其他标准

除上述标准以外还有一些其他的标准,在物业管理评标中偶尔用之,这里仅作一般性介绍。

1. 先进性标准

先进性是指投标方案的先进,包括工艺流程、使用的设备、组织管理的方式都具有先进性。评标时,以投标方案是否先进为主要依据。物业管理评标有时对于设备先进的智能化楼宇可能使用这一标准。

2. 适应性标准

适应性是指投标方案适应招标项目所具备的条件,使方案能够顺利实施。适应性标准是说,评标时按投标方案适应程度确定分数。

3. 系统性标准

投标方案是个系统工程,特别是物业管理方案各个组成部分不是孤立的,而是有机地联系在一起的。系统性标准就是根据方案中各要素之间协调和关联程度评定分数。

4. 效益标准

效益标准并不是说投标报价越低越好,而其服务质量标准也要达到一定程度。在正常的情况下,投标报价和服务质量标准是一对矛盾的对立统一体。效益标准就是找到两者结合的最佳位置,使价格和质量比相对来说比较理想。

三、评标方法

评标方法是根据评标标准,对投标文件进行评审的具体方法。评标方法是否科学合理直接影响决标结果，也是招标投标重要环节。按照《评标委员会和评标方法暂行规定》"评标方法包括经评审的最低投标价法、综合评估法或者法律、行政法规允许的其他评标方法。"（第二十九条）。其他方法还有：专家评议法、接近标底法、综合评估法、低标价法、评议价法、合理低价法和费率费用评价法。

以上所说的各种评标方法是评标中通用的评标方法，物业管理招标有一定的特殊性，这些方法不一定都能使用。这里仅选择性地介绍一些能用于物业管理评标使用的方法。

（一）经评审的最低投标价法

经评审的最低投标价法是在对潜在投标人进行了严格的资格预审，认为允许入围的投标人符合招标人的各方面要求，而且各投标人在招标投标过程中的权利和义务是均等的。另外招标人对投标人的服务范围、服务内容和服务的质量标准都有统一的要求，仅按投标报价就能定标的一种评标方法。比如物业管理项目中的设备维修服务，招标人已经在招标文件中对设备维修机构资质等级、工作内容、服务范围和质量标准等提出了具体要求（如：负责几级保养、是否负责换件、是否负责运行的操作等）。招标人认为入围的投标人是可以满足这些要求的，或者入围的投标人承诺中标后必定满足招标人的先决条件，只对投标报价进行比较就可确定中标人。

这种评标方法，具体操作时有两种方式。其一是将投标人按报价高低排序，从中选出 $3\sim4$ 个中标候选人，然后再对这些候选人进行其他方面比较（如：答辩）而定标。实际上这种方法就是低中取优。其二是以低于标底一定百分比的各投标人的投标报价的算术平均值为 A，以标底或评标委员会确定的更加合理的标价为 B，然后以 $A+B$ 的算术平均价为评标标准价。评委选出高于或低于评标标准价某百分比数之内的投标人，对其进行综合分析排序。

（二）接近标底法

接近标底法是指投标报价与评标标底相比较，按接近标底的程度确定分数。接近标底法是投标报价的单项得分，然后再与其他要素得分按照设定的权重求总分。

接近标底法评分的原则是高于或低于标底都要减分，以增加或减少的百分比为评分依据。一般认为投标报价偏差在标底的 5% 之内属于正常情况因此少减分，当偏离标底 5% 以上时多减分。至于给分的多少，由招标策划者确定评标标准时确定，评委只是按标准打分。

（三）合理低价法

合理低价法是以合理的最低投标报价为最高分的一种评标方法。合理低价法与接近标底是有区别的。接近标底法事先确定一个目标标底，无论投标报价的高低以最接近标底的为最高分。合理低价法没有目标价格，投标报价越低分数越高，实际上也可以认为以零为目标价格。不过值得注意的是"合理"两字，也就是说从服务成本构成上是可能实现的，如果低到不合理的程度，照样应该减分。

在招标人设定标底时，肯定会对自己所定标底的合理性充满信心，这样两种方法基本雷同。但标底往往是按市场一般情况制定，而实际招标中有时会有一些特殊情况发生。比如有一投标人所管理的项目中，恰好有一个项目与现在招标项目毗连。有些管理和服务中必备的技术装备和管理人员可以交叉利用，节约了很大的费用降低了成本，使投标报价偏低而且低于标底许多，同样也应理解为合理价格而得高分。

（四）酬金评标法

在以往的物业管理招标中，投标都是按总的收费价格报价。投标报价是按"包干制"计算,也就是业主向物业管理企业支付固定物业服务费用,盈余或者亏损均由物业管理企业享有或者承担的物业服务计费方式。但国家最近规定物业管理也可以采用"酬金制",即在预收的物业服务资金中按约定比例或者约定数额提取酬金支付给物业管理企业,其余全部用于物业服务合同约定的支出,结余或者不足均由业主享有或者承担的物业服务计费方式。因此,以后的招标投标也可以采用酬金制,一定数额或一定比例的酬金作为评标依据。酬金不包括服务成本,是物业管理企业的纯收入,业主不必担心酬金过低满足不了服务的支出。也不存在是否合理问题,在评标中应以报价越低得分越高的原则打分。

(五)评标价法

评标价法是指以价格为评标的依据。投标文件中除投标报价以外的各项要素,都不是以价格形式表现出来。但评标价法就是要把那些非价格的要素,通过一定的方法折算为价格。然后以投标报价为基数,再加上其他要素折算成的价格形成总价格。用总价格在各投标文件中进行横向比较确定中标人。

(六)专家评议法

专家评议法是一种定性优选法,除投标报价外都没有量化指标。专家评议法有两种方式,一种是评委各自独立评标打分,然后由工作人员汇总得出结果;另一种是专家集体讨论,针对每份投标文件的各个要素各抒己见,然后用投票或举手表决的形式确定中标人。物业管理评标往往部分采用专家评议的方法,但不是集体讨论而是各自评标。因为专家一起协商容易相互干扰,有时权威人士起主导作用,实际上仍然是一两个人定标失去了公正性。

(七)综合评标法

综合评标法是将投标文件的所有要素先进行定量分析,按照评标标准确定单项量值,然后乘以预先确定的各要素权重再求其代数和,作为该投标文件的总分数,根据总分数高低顺序确定中标人或中标候选人。量值可以是分数值也可以转化为货币值,但对于各投标文件一定要统一量化基础和量化标准,这样才可以横向比较。

综合评标法既适合评阅投标文件的汇总评分,也可以作为决标时总分的确定。

四、评分结果汇总方法

(一)影响因素分层

在诸多因素中每项因素对决标的影响程度是不一样的,差距较大的因素无法横向比较,因此首先应将这些因素分成若干层次。前面介绍影响因素时,把影响因素分为四大类。这四类因素应为同一层次,每一类还可逐层细分。如技术部分又分了七项,其中第五项检查方法又分为三小项。从理论上说可以无穷分解下去,但实际上没有必要。物业管理的决标,一般分为三~四层即可。

(二)对影响因素分层确权

影响决标的因素不下几十项,而每一项因素对决标影响的程度大不相同,因此首先要对影响因素确定权重。几十项因素堆在一起,很难分清孰重孰轻。最好建立层次结构,把同类因素归为一组,再把比较接近的组归为一个大组,逐层归集形成总的目标,然后逐层对每项因素确权。

(三)逐层汇总

从最低层开始,每一项因素得分与权重相乘汇成一组的分数,再把每组分数与权重相乘与各组汇总得到大组的分数,逐层汇总得到目标分数。

(四)汇总工具

1. 汇总图(见图 12-2)

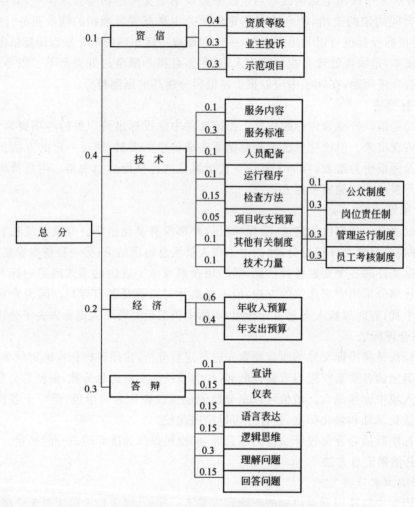

图 12-2 评分汇总层次结构图

2. 汇总表

综合计算分数可以列表汇总,但因涉及项目太多书中只能示意性表明主要内容。参见表 12-15:

评分汇总表　　　　　　　　表 12-15

序号	影响因素	权重	分数	小计
一	资信			
1	资质等级			
2	业主投诉			
	……			
二	技术			
1	服务标准			

续表

序 号	影响因素	权 重	分 数	小 计
2	运行程序			
3	技术力量			
	……			
三	经 济			
1	年收入预算			
2	年支出预算			
3	收费标准			
	……			
四	答 辩			
1	语言表达			
2	理解问题			
3	宣 讲			
	……			
	合 计			

3. 汇总软件

如果经常进行决标工作,也可以编制汇总应用软件。评委在评标室直接把得分敲到计算机上,每个评委评标结果自动传到信息处理中心。分数汇总、排序、寻优等工作都由计算机完成,并将评标结果自动显示在答辩厅的屏幕上。

复习思考题

1. 决标的原则是什么?
2. 为什么要对投标文件进行密封检查?
3. 评委质疑经常涉及的问题有哪些?
4. 对投标人答辩效果应从哪几个方面评判?
5. 向有关行政监督部门提交招标投标情况的书面报告包括哪些主要内容?
6. 评标的影响因素包括哪几大类?
7. 常见的评标标准有哪几种?
8. 评标的方法有哪几种?

第十三章 物业管理市场的法律保障

现代社会是法制社会,我们的国家是法制国家,一切活动都应该依法办事。物业管理市场也应受法律法规的约束,由法律法规来调整市场行为的主体之间的关系。只有法规制度健全,物业管理市场的正常运行才能有保障。

第一节 相关法规政策

一、物业管理的有关法规
(一)物业管理条例
1. 立法目的
(1)规范物业管理活动

物业管理在我国开展的时间较晚,包括物业管理市场行为在内的物业管理活动很不规范。为此严重地影响了物业管理行业的进一步发展,其原因主要是在全国没有建立起完善的法律法规体系。虽然出台了一些部门的规章,但层次较低,法律效力受到一定的限制。物业管理市场的主体较多,由于立法滞后各主体权利义务界限不清,无法有效地追究其法律责任。《物业管理条例》的颁布可以较好地解决这一问题。

(2)维护业主和物业管理企业的合法权益

《物业管理条例》的制定是为了维护市场供求主体的合法权益,要求供给者必须按照约定的质量提供服务,同时也要求需求者按照约定的数额付费。

(3)改善人民群众的生活和工作环境

《物业管理条例》的制定是为了保证物业充分地发挥其使用功能,能够为业主提供整洁、安全和舒适的生活环境和使用环境。

2. 调整范围

中华人民共和国境内的物业管理活动都应受《物业管理条例》的调整。

3. 实施时间

《物业管理条例》已经 2003 年 5 月 28 日国务院第 9 次常务会议通过,自 2003 年 9 月 1 日起施行。

4. 主要内容
(1)七项禁止行为

1)业主大会、业主委员会应当依法履行职责,不得作出与物业管理无关的决定,不得从事与物业管理无关的活动。

2)物业使用人在物业管理中的权利和义务由业主和物业使用人约定,但不得违反法律、法规和业主公约的有关规定。

3)业主依法享有物业共用部位、共用设施设备的所有权和使用权,建设单位不得擅自处分。

  4) 物业管理用房的所有权依法属于业主。未经业主大会同意,物业管理企业不得改变物业管理用房的用途。

  5) 物业管理企业可以将物业管理区域内的专项服务业务委托给专业性服务企业,但不得将该区域内的全部物业管理委托他人。

  6) 物业管理区域内按照规划建设公共建筑和共用设施,不得改变用途。

  7) 业主、物业管理企业不得擅自占用、挖掘物业管理区域内的道路、场地,损害业主共同利益。

  (2) 三份合同

  1) 前期物业服务合同

  在业主、业主大会选聘物业管理企业之前,建设单位选聘物业管理企业的,应当签订书面的前期服务合同。

  2) 物业服务合同

  业主委员会应当与业主大会选聘的物业管理企业订立书面的物业服务合同。

  物业服务合同应当对物业管理事项、服务质量、服务费用、双方的权利义务、专项维修资金的管理与使用、物业管理用房、合同期限违约责任等内容进行约定。

  3) 临时业主公约

  建设单位应当在物业销售前将业主临时公约向受买人明示,并予以说明;

  物业受买人在与建设单位签订物业买卖合同时,应当遵守业主临时公约,并予以书面承诺。

  (3) 十项基本制度

  1) 告知制度

  召开业主大会会议,应当于会议召开 15 日以前通知全体业主。

  住宅小区的业主大会会议,应当同时告知相关的居民委员会。

  业主大会、业主委员会作出的决定违反法律、法规的,物业所在地的区、县人民政府房地产行政主管部门,应当责令限期改正或者撤销其决定,并通告全体业主。

  住宅小区的业主大会、业主委员会作出的决定,应当告知相关的居民委员会,并认真听取居民委员会的建议。

  业主依法确需改变公共建筑和共用设施用途的,应当在依法办理有关手续后告知物业管理企业。

  业主需要装饰装修房屋的,应当事先告知物业管理企业。

  物业管理企业应当将房屋装饰装修中的禁止行为和注意事项告知业主。

  2) 业主委员会备案制度

  业主委员会应当自选举产生之日起 30 日内,向物业所在地的区、县人民政府房地产行政主管部门备案。

  3) 招标投标制度

  国家提倡建设单位按照房地产开发与物业管理相分离的原则,通过招投标的方式选聘具有相应资质的物业管理企业。

  住宅物业的建设单位,应当通过招投标的方式选聘具有相应资质的物业管理企业;投标人少于3个或者住宅规模较小的,经物业所在地的区、县人民政府房地产行政主管部门批准,可以采用协议方式选聘具有相应资质的物业管理企业。

4) 接管验收制度

物业管理企业承接物业时,应当对物业共用部位、共用设施设备进行查验。

5) 保修责任制度

建设单位应当按照国家规定的保修期限和保修范围,承担物业的保修责任。

6) 企业资质管理制度

国家对从事物业管理活动的企业实行资质管理制度。具体办法由国务院建设行政主管部门制定。

7) 职业资格制度

从事物业管理的人员应当按照国家有关规定,取得职业资格证书。

8) 交接制度

物业服务合同终止时,业主大会选聘了新的物业管理企业的,物业管理企业之间应当做好交接工作。

9) 报告制度

对物业管理区域内违反有关治安、环保、物业装饰装修和使用等方面法律、法规规定的行为,物业管理企业应当制止,并及时向有关行政管理部门报告。

物业管理企业应当协助做好物业管理区域内的安全防范工作。发生安全事故时,物业管理企业在采取应急措施的同时,应当及时向有关行政管理部门报告,协助做好救助工作。

10) 维修基金制度

住宅物业、住宅小区内的非住宅物业或者与单幢住宅楼结构相连的非住宅物业的业主,应当按照国家有关规定交纳专项维修资金。

(二) 新建住宅小区管理暂行办法

《新建住宅小区管理暂行办法》是我国有关物业管理的第一部规章,虽然规格较低,但对推动物业管理工作的开展起到了非常重要的作用。国家首次对物业管理相关问题作出了明确的规定。

1. 立法目的

(1) 加强城市新建住宅小区的管理

(2) 提高新建住宅小区的整体管理水平

(3) 为居民创造整洁、文明、安全、生活方便的居住环境

2. 调整范围

调整的范围是在国家按行政建制设立的直辖市、城市、镇范围之内,达到一定规模,基础设施配套齐全的新建住宅小区。

3. 实施时间

本办法自1994年4月1日起实施。

4. 主要内容

(1) 规定了行业行政主管部门

房地产行政主管部门负责小区管理的归口管理工作。

(2) 指出了住宅小区的管理模式发展方向

住宅小区应当逐步推行社会化、专业化的管理模式,由物业管理公司统一实施专业化管理。

(3) 要求售房前落实物业管理企业

房地产开发企业在出售住宅小区房屋前,应当选聘物业管理公司承担住宅小区的管理,并与其签订物业管理合同。

(4) 明确了各个主体的权利和义务

管委会的权利、物业管理公司的权利和义务。

(5) 产权人和使用人应当履行的义务

住宅小区的房地产产权人和使用人,应当遵守小区管理办法,按照规定交纳管理费,不得妨碍、阻挠管理人员履行职责,并有权参与和监督住宅小区的管理。

(6) 产权人购房时承诺遵守小区管理办法

房地产开发企业在办理售房手续时,应在买卖合同中对房地产产权人有承诺遵守小区管理办法的约定。

(三) 物业服务收费管理办法

1. 立法目的

为规范物业服务收费行为,保障业主和物业管理企业的合法权益,根据《中华人民共和国价格法》和《物业管理条例》,制定本办法。

2. 调整范围

本办法所调整范围是指物业管理企业按照物业服务合同的约定,对房屋及配套的设施设备和相关场地进行维修、养护、管理,维护相关区域内的环境卫生和秩序的服务活动,向业主所收取的费用。

3. 实施时间

本办法自 2004 年 1 月 1 日起执行,原国家计委、建设部印发的《城市住宅小区物业管理服务收费暂行办法》(计价费[1996]266 号)同时废止。

4. 主要内容

(1) 物业服务收费的概念

物业服务收费是指物业管理企业按照物业服务合同的约定,对房屋及配套的设施设备和相关场地进行维修、养护、管理,维护相关区域内的环境卫生和秩序,向业主所收取的费用。

(2) 收费的原则

国家鼓励物业管理企业开展正当的价格竞争,禁止价格欺诈,促进物业服务收费通过市场竞争形成。物业服务收费应当遵循合理、公开以及费用与服务水平相适应的原则。

(3) 收费的管理

国务院价格主管部门会同国务院建设行政主管部门负责全国物业服务收费的监督管理工作。县级以上地方人民政府价格主管部门会同同级房地产行政主管部门负责本行政区域内物业服务收费的监督管理工作。

物业服务收费应当区分不同物业的性质和特点分别实行政府指导价和市场调节价。具体定价形式由省、自治区、直辖市人民政府价格主管部门会同房地产行政主管部门确定。

物业服务收费实行政府指导价的,有定价权限的人民政府价格主管部门应当会同房地产行政主管部门根据物业管理服务等级标准等因素制定相应的基准价及其浮动幅度,并定期公布。具体收费标准由业主与物业管理企业根据规定的基准价和浮动幅度在物业服务合同中约定。实行市场调节价的物业服务收费,由业主与物业管理企业在物业服务合同中约定。

物业管理企业应当按照政府价格主管部门的规定实行明码标价,在物业管理区域内的显著位置,将服务内容、服务标准以及收费项目、收费标准等有关情况进行公示。

(4) 物业服务收费形式

业主与物业管理企业可以采取包干制或者酬金制等形式约定物业服务费用。包干制是指由业主向物业管理企业支付固定物业服务费用,盈余或者亏损均由物业管理企业享有或者承担的物业服务计费方式。酬金制是指在预收的物业服务资金中按约定比例或者约定数额提取酬金支付给物业管理企业,其余全部用于物业服务合同约定的支出,结余或者不足均由业主享有或者承担的物业服务计费方式。

实行物业服务费用酬金制的,预收的物业服务支出属于代管性质,为所交纳的业主所有,物业管理企业不得将其用于物业服务合同约定以外的支出。物业管理企业应当向业主大会或者全体业主公布物业服务资金年度预决算并每年不少于一次公布物业服务资金的收支情况。业主或者业主大会对公布的物业服务资金年度预决算和物业服务资金的收支情况提出质询时,物业管理企业应当及时答复。

(5) 物业服务收费成本构成

实行物业服务费用包干制的,物业服务费用的构成包括物业服务成本、法定税费和物业管理企业的利润。

实行物业服务费用酬金制的,预收的物业服务资金包括物业服务支出和物业管理企业的酬金。

(6) 供求双方的义务

1) 物业管理企业的服务

物业管理企业在物业服务中应当遵守国家的价格法律法规,严格履行物业服务合同,为业主提供质价相符的服务。

2) 交纳服务费

① 业主

业主应当按照物业服务合同的约定按时足额交纳物业服务费用或者物业服务资金。业主违反物业服务合同约定逾期不交纳服务费用或者物业服务资金的,业主委员会应当督促其限期交纳;逾期仍不交纳的,物业管理企业可以依法追缴。物业发生产权转移时,业主或者物业使用人应当结清物业服务费用或者物业服务资金。

② 使用人

业主与物业使用人约定由物业使用人交纳物业服务费用或者物业服务资金的,从其约定,业主负连带交纳责任。

③ 开发建设单位

纳入物业管理范围的已竣工但尚未出售,或者因开发建设单位原因未按时交给物业买受人的物业,物业服务费用或者物业服务资金由开发建设单位全额交纳。

(7) 委托代理收费

物业管理区域内,供水、供电、供气、供热、通讯、有线电视等单位应当向最终用户收取有关费用。物业管理企业接受委托代收上述费用的,可向委托单位收取手续费,不得向业主收取手续费等额外费用。

（8）利用共有财产经营

利用物业共用部位、共用设施设备进行经营的,应当在征得相关业主、业主大会、物业管理企业的同意后,按照规定办理有关手续。业主所得收益应当主要用于补充专项维修资金,也可以按照业主大会的决定使用。

二、招标投标的有关法律法规

（一）招标投标法

1. 立法目的

为了规范招标投标活动,保护国家利益、社会公共利益和招标投标活动当事人的合法权益,提高经济效益,保证项目质量。

2. 调整范围

在中华人民共和国境内进行招标投标活动,适用本法。物业管理的招标投标,应该在该法律调整范围之内。

3. 实施时间

本法自 2000 年 1 月 1 日起施行。

4. 主要内容

（1）招标投标活动的基本原则

招标投标活动应当遵循公开、公平、公正和诚实信用的原则。

（2）招标投标活动的监督

招标投标活动及其当事人应当接受依法实施的监督。

有关行政监督部门依法对招标投标活动实施监督,依法查处招标投标活动中的违法行为。

对招标投标活动的行政监督及有关部门的具体职权划分,由国务院规定。

（3）招标投标主体

招标主体即指招标人,是依照法律规定提出招标项目、进行招标的法人或者其他组织。

投标主体即指投标人,是响应招标、参加投标竞争的法人或者其他组织。

依法招标的科研项目允许个人参加投标的,投标的个人适用本法有关投标人的规定。物业管理的招标只允许企业法人参加投标。

（4）招标投标活动的程序

有关招标审批程序、开标程序和评标程序。

（5）招标投标活动的有关文件

1）招标文件

招标人应当根据招标项目的特点和需要编制招标文件。招标文件应当包括招标项目的技术要求、对投标人资格审查的标准、投标报价要求和评标标准等所有实质性要求和条件以及拟签订合同的主要条款。

国家对招标项目的技术、标准有规定的,招标人应当按照其规定在招标文件中提出相应要求。

招标项目需要划分标段、确定工期的,招标人应当合理划分标段、确定工期,并在招标文件中载明。

2)投标文件

投标人应当按照招标文件的要求编制投标文件。投标文件应当对招标文件提出的实质性要求和条件作出响应。

招标项目属于建设施工的,投标文件的内容应当包括拟派出的项目负责人与主要技术人员的简历、业绩和拟用于完成招标项目的机械设备等。

(二)《前期物业管理招投标管理暂行办法》

1. 立法目的

为了规范前期物业管理招标投标活动,保护招标投标当事人的合法权益,促进物业管理市场的公平竞争。

2. 调整范围

建设单位通过招投标的方式选聘具有相应资质的物业管理企业和行政主管部门对物业管理招标投标活动实施监督管理。

3. 实施时间

2003年9月1日起施行。

4. 主要内容

(1)对不同物业的招标要求

1)应当招标的范围

住宅及同一物业管理区域内非住宅建设单位,应当通过招投标的方式选聘具有相应资质的物业管理企业。

2)可以协议选聘物业管理企业的物业

投标人少于3个或者住宅规模较小的,经物业所在地的区、县人民政府房地产行政主管部门批准,可以采用协议方式,选聘具有相应资质的物业管理企业。

3)其他物业

国家提倡其他物业的建设单位通过招标投标的方式,选聘具有相应资质的物业管理企业。

(2)物业管理招标投标的行政主管

国务院建设行政主管部门负责全国物业管理招标投标活动的监督管理。

省、自治区人民政府建设行政主管部门负责本行政区域内物业管理招标投标活动的监督管理。

直辖市、市、县人民政府房地产行政主管部门负责本行政区域内物业管理招标投标活动的监督管理。

(3)招标形式

前期物业管理招标投标分为公开招标和邀请招标。

招标人采取公开招标方式的,应当在公共媒介上发布招标公告,并同时在中国住宅与房地产信息网和中国物业管理协会网上发布免费招标公告。

招标人采取邀请方式招标的,应当向3个以上物业管理企业发出投标邀请书,投标邀请书应当包含前款规定的事项。

(4) 招标文件的内容

1) 招标人及招标项目简介;

2) 物业管理服务内容及要求;

3) 对投标人及投标书的要求;

4) 评标标准和评标方法;

5) 招标活动方案;

6) 物业管理服务合同的签订说明;

7) 其他。

(5) 投标文件的内容

1) 投标函;

2) 投标报价;

3) 物业管理方案;

4) 招标文件要求提供的其他材料。

(6) 评标专家名册

房地产行政主管部门应当建立专家名册。省、自治区、直辖市人民政府房地产行政主管部门可以将专家数量少的城市的专家名册予以合并或者实行专家名册计算机联网。

(三) 评标委员会和评标暂行规定

1. 立法目的

为了规范评标活动,保证评标的公平、公正,维护招标投标活动当事人的合法权益。

2. 调整范围

适用于依法必须招标项目的评标活动。

3. 实施时间

2001年8月1日。

4. 主要内容

(1) 总则

(2) 评标委员会

(3) 评标的准备与初步评审

(4) 详细评标

(5) 推荐中标候选人与定标

(6) 罚则

(7) 附则

第二节 物业管理相关合同

一、业主公约

建设部1997年制订了《业主公约示范文本》,要求售房单位售房前,参照国家的《业主公约示范文本》制订《业主公约》。购房人应全面了解《业主公约》内容,在签订房屋买卖合同时,作出遵守《业主公约》的承诺。

(一) 制定《业主公约示范文本》的目的

1. 为了加强商品房销售、房改售房与物业管理衔接工作;
2. 搞好售后服务,解决居民买房的后顾之忧,创造良好的居住环境和工作环境。
(二)使用范围
1. 房地产开发企业出售商品房;
2. 公有住房管理单位出售公有住房。
(三)内容

为加强_____(以下简称"本物业")的管理,维护全体业主和物业使用人的合法权益,维护公共环境和秩序,保障物业的安全与合理使用,根据国家有关物业管理法规政策制订本公约。全体业主和物业使用人均须自觉遵守。

一、在使用、经营、转让所拥有的物业时,应遵守物业管理法规政策的规定。

二、执行业主委员会或业主大会的决议、决定。

三、委托物业管理企业负责房屋、设施、设备、环境卫生、公共秩序、保安、绿化等,全体业主和物业使用人应遵守物业管理企业根据政府有关法规政策和业主委员会的委托制定的各项规章制度。

四、全体业主和物业使用人积极配合物业管理企业的各项管理工作。

五、业主或物业使用人对物业管理企业的管理工作如有意见或建议,可直接向物业管理企业提出,发生争议时可通过业主委员会协调解决。

六、加强安全防范意识,自觉遵守有关安全防范的规章制度,做好放火防盗工作,确保家庭人身财产安全。

七、业主或物业使用人装修房屋,应遵守有关物业装修的制度并事先告知物业管理企业。物业管理企业对装修房屋活动进行指导和监督,并将注意事项和禁止行为告知业主和物业使用人。业主或物业使用人违规、违章装修房屋或妨碍他人正常使用物业的现象(如渗、漏、堵、冒等),应当及时纠正,造成他人损失的应承担赔偿损失,对拒不改正的,物业管理公司可采取相应措施制止其行为,并及时告知业主委员会并报有关行政管理部门依法处理。

八、业主如委托物业管理企业对其自用部位和毗连部位的有关设施、设备进行维修、养护,应支付相应费用。

九、凡房屋建筑及附属设施设备已经或可能妨碍、危害毗连房屋的他人的利益、安全,或有碍外观统一、市容观瞻的,按规定应由业主单独或联合维修、养护的,业主应及时进行维修养护;拒不进行维修养护的,由业主委员会委托物业管理企业进行维修养护,其费用由当事业主按规定分摊。

十、与其他非业主使用人建立合法租赁关系时,应告知并要求对方遵守本业主公约和物业管理规定,并承担连带责任。

十一、在本物业范围内,不得有下列行为:

(1)擅自改变房屋结构、外貌(含外墙、外门窗、阳台等部位的颜色、形状和规格)、设计用途、功能和布局等;

(2)对房屋的内外承重墙、梁、柱、板、阳台进行违章凿、拆、搭、建;

(3)占用或损坏楼梯、通道、屋面、平台、道路、停车场、自行车房(棚)等公共设施及场地;

(4)损坏、拆除或改造供电、供水、供气、供暖、通讯、有线电视、排水、排污、消防等功用

设施;

（5）随意堆放杂物、丢弃垃圾、高空抛物;

（6）违反规定存放易燃、易爆、剧毒、放射性等物品和排放有毒、有害、危险物质等;

（7）践踏、占用绿化用地;损坏、涂划园林小品;

（8）在公共场所、道路两侧乱设摊点;

（9）影响市容观瞻的乱搭、乱贴、乱挂、设立广告牌;

（10）随意停放车辆;

（11）聚众喧闹、噪声扰民等危害公共利益或其他不道德行为;

（12）违反规定饲养家禽、家畜及宠物;

（13）法律、法规及政府规定禁止的其他行为。

十二、人为造成公共设施设备或其他业主设施设备损坏,由造成损坏的责任人负责修复或赔偿经济损失。

十三、按规定交纳物业管理企业应收取的各项服务费用。

十四、业主使用本物业内有偿使用的的文化娱乐体育设施和停车场等公共设施、场地时,应按规定交纳费用。

十五、自觉维护公共场所的整洁、美观、畅通及公共设施的完好。

十六、加强精神文明建设,宏扬社会主义道德风尚,互助友爱,和睦相处,共同创造良好的工作环境和生活环境。

二、物业服务合同

在《物业管理条例》中提到了前期物业服务合同和物业服务合同,但迄今未能见到示范文本。1997年建设部、国家工商行政管理局曾经出台了《物业管理委托合同（示范文本）》,并下发通知向全国推广。主要的区别就在于新合同弱化了"委托"两字。由于这是目前惟一的示范合同,而且本人也是"委托论"者,因此仍将该合同推荐给读者。

（一）制定《委托合同示范文本》的目的

为了贯彻《中华人民共和国经济合同法》、《中华人民共和国城市房地产管理法》、《城市新建住宅小区管理办法》,规范委托管理行为,保护合同当事人的合法权益,使物业管理委托合同能更全面、准确地反映物业管理全过程的内容,能更充分表述当事人双方的意愿,保护当事人合法权益。

《示范文本》,有利于当事人了解、掌握有关法律、法规,避免因合同缺款少项和当事人意思表示不真实、不确切,而出现显失公平和违法的条款;有利于保护当事人的合法权益;有利于加强对物业管理行为的监督检查;有利于减少物业管理委托合同纠纷,促进合同纠纷的解决。

（二）适用范围

《示范文本》既适用于业主委员会与物业管理企业之间签订物业管理委托合同,也适用于房地产开发企业与物业管理企业之间签订物业管理委托合同两种情况。《示范文本》第十九条 A(甲方权利义务)只适用于业主委员会与物业管理企业之间签订合同时使用,B(甲方权利义务)只适用于开发企业与物业管理企业之间签订合同时使用。当事人在签订物业管理委托合同时,可根据实际情况对有关条款予以选择。

（三）内容

第一章　总则

第一条　本合同当事人

委托方（以下简称甲方）：

受托方（以下简称乙方）：

根据有关法律、法规，在自愿、平等、协商一致的基础上，甲方将（物业名称）委托予乙方实行物业管理，订立本合同。

第二条　物业基本情况

物业类型：

座落位置：市区路（街道）号。

四至：东　南　西　北

占地面积：平方米

建筑面积：平方米

委托管理的物业构成细目见附件一。

第三条　乙方提供服务的受益人为本物业的全体业主和物业使用人，本物业的全体业主和物业使用人均应对履行本合同承担相应的责任。

第二章　委托管理事项

第四条　房屋建筑共用部位的维修、养护和管理，包括：楼盖、屋顶、外墙面、承重结构、楼梯间、走廊通道、门厅。

第五条　共用设施、设备的维修、养护、运行和管理，包括：共用的上下水管道、落水管、垃圾道、烟囱、共用照明、天线、中央空调、暖气干线、供暖锅炉等、高压水泵房、楼内消防设施、设备、电梯。

第六条　市政公用设施和附属建筑物、构筑物的维修、养护和管理，包括道路、室外上下水管道、化粪池、沟渠、池、井、自行车棚、停车场。

第七条　公用绿地、花木、建筑小品等的养护与管理。

第八条　附属配套建筑和设施的维修、养护和管理，包括商业网点、文化体育娱乐场所。

第九条　公共环境卫生，包括公共场所、房屋共用部位的清洁卫生、垃圾的收集、清运。

第十条　交通与车辆停放秩序的管理。

第十一条　维持公共秩序，包括安全监控、巡视、门岗执勤。

第十二条　管理与物业相关的工程图纸、住用户档案与竣工验收资料。

第十三条　组织开展社区文化娱乐活动。

第十四条　负责向业主和物业使用人收取下列费用：

1. 物业管理服务费（以下略）

第十五条　业主和物业使用人房屋自用部位、自用设施及设备的维修、养护，在当事人提出委托时，乙方应接受委托并合理收费。

第十六条　对业主和物业使用人违反业主公约的行为，针对具体行为并根据情节轻重，采取批评、规劝、警告、制止等措施。

第十七条　其他委托事项：

（略）

第三章　委托管理期限

第十八条 委托管理期限为 年。自 年 月 日 时起至 年 月 日 时止。

第四章 双方权利义务

第十九条

A 甲方权利义务(适用于业主委员会):

1. 代表和维护产权人、使用人的合法权益;
2. 制定业主公约并监督业主和物业使用人遵守公约;
3. 审定乙方拟定的物业管理制度;
4. 检查监督乙方管理工作的实施及制度的执行情况;
5. 审定乙方提出的物业管理服务年度计划、财务预算及决算;
6. 在合同生效之日起　　日内向乙方提供　　平方米建筑面积的经营性商业用房,由乙方按每月每平方米　　元租用,其租金收入用于　　；
7. 在合同生效之日起　　日内向乙方提供　　平方米建筑面积管理用房(产权属甲方),由乙方按下列第　　项执行:

(1) 无偿使用;

(2) 按建筑面积每月每平方米　　元租用,其租金收入用于　　。

8. 负责收集、整理物业管理所需全部图纸、档案、资料,并于合同生效之日起　　日内向乙方移交;
9. 当业主和物业使用人不按规定交纳物业管理费时,负责催交或以其他方式偿付;
10. 协调、处理本合同生效前发生的管理遗留问题:

(1)(略);

(2)(略)。

11. 协助乙方做好物业管理工作和宣传教育、文化活动;
12. (略)。

B 甲方权利义务(适用于房地产开发企业):

1. 在业主委员会成立之前,负责制定业主公约并将其作为房屋租售合同的附件,要求业主和物业使用人遵守;
2. 审定乙方拟定的物业管理制度;
3. 检查监督乙方管理工作的实施及制度的执行情况;
4. 审定乙方提出的物业管理服务年度计划、财务预算及决算;
5. 委托乙方管理的房屋、设施、设备应达到国家验收标准要求;

如存在质量问题,按以下方式处理:

(1) 负责返修;

(2) 委托乙方返修,支付全部费用;

(3)(略)。

6. 在合同生效之日起　　日内向乙方提供　　平方米建筑面积的经营性商业用房,由乙方按每月每平方米　　元租用,其租金收入用于　　；
7. 在合同生效之日起　　日内向乙方提供　　平方米建筑面积管理用房(产权属甲方),由乙方按下列第　　项执行:

(1) 无偿使用；
(2) 按建筑面积每月每平方米　　　元租用,其租金收入用于　　　。
8. 负责收集、整理物业管理所需全部图纸、档案资料,并于合同生效之日起　　　日内向乙方移交；

当业主和物业使用人不按规定交纳物业管理费用时,负责催交或以其他方式偿付；

9. 协调、处理本合同生效前发生的管理遗留问题：
(1)（略）；
(2)（略）。
10. 协助乙方做好物业管理工作和宣传教育、文化活动；
11.（略）。

第二十条　乙方权利义务：
1. 根据有关法律法规及本合同的约定,制定物业管理制度；
2. 对业主和物业使用人违反法规、规章的行为,提请有关部门处理；
3. 按本合同第十六条的约定,对业主和物业使用人违反业主公约的行为进行处理；
4. 可选聘专营公司承担本物业的专项管理业务,但不得将本物业的管理责任转让给第三方；
5. 负责编制房屋、附属建筑物、构筑物、设施、设备、绿化等的年度维修养护计划和大中修方案,经双方议定后由乙方组织实施；
6. 向业主和物业使用人告知物业使用的有关规定,当业主和物业使用人装修物业时,告知有关限制条件,订立书面约定,并负责监督；
7. 负责编制物业管理年度管理计划、资金使用计划及决算报告；
8. 每个月向全体业主和物业使用人公布一次管理费用收支账目。
9. 对本物业的公用设施不得擅自占用和改变使用功能,如需在本物业内改、扩建或完善配套项目,须与甲方协商经甲方同意后报有关部门批准方可实施；
10. 本合同终止时,乙方必须向甲方移交全部经营性商业用房、管理用房及物业管理的全部档案资料。

第五章　物业管理服务质量
第二十一条　乙方须按下列约定,实现目标管理
1. 房屋外观:（略）
2. 设备运行：
3. 房屋及设施、设备的维修、养护：
4. 公共环境：
5. 绿化：
6. 交通秩序：
7. 保安：
8. 急修：
小修：
9. 业主和物业使用人对乙方的满意率达到
具体的物业管理服务质量要求见附件二。

第六章　物业管理服务费用

第二十二条　物业管理服务费

1. 本物业的管理服务费,住宅房屋由乙方按建筑面积每月每平方米　　　元向业主或物业使用人收取;非住宅房屋由乙方按建筑面积每月每平方米　　　元向业主或物业使用人收取。

2. 管理服务费标准的调整,按　　　调整。

3. 空置房屋的管理服务费,由乙方按建筑面积每月每平方米　　　元向　　　收取。

4. 业主和物业使用人逾期交纳物业管理费的,按以下第　　　项处理:

(1) 从逾期之日起按每天　　　元交纳滞纳金;

(2) 从逾期之日起按每天应交管理费的万分之　　　交纳滞纳金;

(3)(略)。

第二十三条　车位使用费由乙方按下列标准向车位使用人收取:

1. 露天车位:(略)

2. 车库:

3. (略)

第二十四条　乙方对业主和物业使用人的房屋自用部位、自用设备、毗连部位的维修、养护及其他特约服务,由当事人按实发生的费用计付,收费标准须经甲方同意。

第二十五条　其他乙方向业主和物业使用人提供的服务项目和收费标准如下:

1. 高层楼房电梯运行费按实结算,由乙方向业主或物业使用人收取;

2. (略)

3. (略)。

第二十六条　房屋的共用部位、共用设施、设备、公共场地的维修、养护费用:

1. 房屋共用部位的小修、养护费用,由　　　承担;大中修费用,由　　　承担;更新费用,由　　　承担。

2. 房屋共用设施、设备的小修、养护费用,由　　　承担;大中修费用,由　　　承担;更新费用,由　　　承担。

3. 市政公用设施和附属建筑物、构筑物的小修、养护费用,由　　　承担;大中修费用,由　　　承担;更新费用,由　　　承担。

4. 公共绿地的养护费用,由　　　承担;改造、更新费用,由　　　承担。

5. 附属配套建筑和设施的小修、养护费用,由　　　承担;大中修费用,由　　　承担;更新费用,由　　　承担。

第七章　违约责任

第二十七条　甲方违反合同第十九条的约定,使乙方未完成规定管理目标,乙方有权要求甲方在一定期限内解决;逾期未解决的,乙方有权终止合同;造成乙方经济损失的,甲方应给予乙方经济赔偿。

第二十八条　乙方违反本合同第五章的约定,未能达到约定的管理目标,甲方有权要求乙方限期整改,逾期未整改的,甲方有权终止合同;造成甲方经济损失的,乙方应给予甲方经济赔偿。

第二十九条　乙方违反本合同第六章的约定,擅自提高收费标准的,甲方有权要求乙方清退;造成甲方经济损失的,乙方应给予甲方经济赔偿。

第三十条 甲、乙任一方无正当理由提前终止合同的,应向对方支付　　元的违约金;给对方造成的经济损失超过违约金的,还应给予赔偿。

第八章 附则

第三十一条 自本合同生效之日起　　天内,根据甲方委托管理事项,办理完交接验收手续。

第三十二条 合同期满后,乙方全部完成合同并且管理成绩优秀,大多数业主和物业使用人反映良好,可续订合同。

第三十三条 双方可对本合同的条款进行补充,以书面形式签订补充协议,补充协议与本合同具有同等效力。

第三十四条 本合同之附件均为合同有效组成部分。本合同及其附件内,空格部分填写的文字与印刷文字具有同等效力。

本合同及其附件和补充协议中未规定的事宜,均遵照中华人民共和国有关法律、法规和规章执行。

第三十五条 本合同正本连同附件共　　页,一式三份,甲乙双方及物业管理行政主管部门(备案)各执一份,具有同等法律效力。

第三十六条 因房屋建筑质量、设备设施质量或安装技术等原因,达不到使用功能,造成重大事故的,由甲方承担责任并作善后处理。产生质量事故的直接原因,以政府主管部门的鉴定为准。

第三十七条 本合同执行期间,如遇不可抗力,致使合同无法履行时,双方应按有关法律规定及时协商处理。

第三十八条 本合同在履行中如发生争议,双方应协商解决或报请物业管理行政主管部门进行调解,协商或调解不成的,双方同意由仲裁委员会仲裁(当事人双方不在合同中约定仲裁机构,事后又未达成书面仲裁协议的,可以向人民法院起诉。)

第三十九条 合同期满本合同自然终止,双方如续订合同,应在该合同期满　　天前向对方提出书面意见。

第四十条 本合同自签字之日起生效。

甲方签章:　　　　　　　　乙方签章:
代表人:　　　　　　　　　代表人:
年 月 日　　　　　　　　年 月 日

三、装修管理协议

装修管理协议目前国家尚无示范文本,但在建设部制定的《住宅室内装饰装修管理办法》中,明确地规定了协议的内容:

1. 装饰装修工程的实施内容;
2. 装饰装修工程的实施期限;
3. 允许施工的时间;
4. 废弃物的清运与处理;
5. 住宅外立面设施及防盗窗的安装要求;
6. 禁止行为和注意事项;

7. 管理服务费用；

8. 违约责任；

9. 其他需要约定的事项。

第三节 物业管理市场上的法律服务

一、提供法律服务的主体

现阶段在我国提供法律服务的主体主要是律师，但有时也有一些其他的法律工作者。律师是指依法取得律师执业证书，为社会提供法律服务的执业人员。物业管理市场的各个主体，都有权聘请律师为其提供法律服务。律师应当在受委托的权限内，维护委托人的合法权益。

二、律师的主要任务

按照《律师法》的规定，律师的任务主要有：

（一）接受公民、法人和其他组织的聘请，担任法律顾问；

（二）接受民事案件、行政案件当事人的委托，担任代理人，参加诉讼；

（三）接受刑事案件犯罪嫌疑人的聘请，为其提供法律咨询，代理申诉、控告，申请取保候审，接受犯罪嫌疑人、被告人的委托或者人民法院的指定，担任辩护人，接受自诉案件自诉人、公诉案件被害人或者其近亲属的委托，担任代理人，参加诉讼；

（四）代理各类诉讼案件的申诉；

（五）接受当事人的委托，参加调解、仲裁活动；

（六）接受非诉讼法律事务当事人的委托，提供法律服务；

（七）解答有关法律的询问、代写诉讼文书和有关法律事务的其他文书。

物业管理企业接触面较宽，涉及的民事纠纷几乎连年不断，应该聘请常年律师作为法律顾问。

三、物业管理市场上需要法律服务的问题

（一）服务不到位

有一定比例的物业管理企业服务不到位，业主并不熟悉法律只好聘请律师出面交涉或直接起诉。

（二）业主欠费

交纳物业管理服务费是每个业主应尽的义务，但许多业主拖欠不交使物业管理服务难以为继。物业管理企业的法律顾问可以先发一封律师函，分析当事人的违法行为及其后果。有时业主得知诉讼最终的不利后果，往往也就能够把欠费补齐。如果欠费业主仍然拒绝交费，只好由律师代理提起诉讼。

（三）其他服务事项

在物业管理市场上需要律师提供服务的事项有很多，如：合同的谈判和签署、对各主体提供法律咨询、从法律的角度对招标文件和投标文件把关等。

复习思考题

1. 与物业管理市场有关的主要法规有哪些？

2. 与物业管理有关的主要合同有哪些？
3. 物业管理市场上需要法律服务有哪些？
4. 前期物业管理招投标管理暂行办法立法目的是什么？
5.《物业管理条例》中的十项基本制度包括哪些内容？

第十四章　物业管理市场的监督管理

　　任何一个国家对市场都不是放任的,国家应该调控市场,由市场引导企业。但对于不同的市场,国家的管理力度是不一样的。与房地产相关的市场,各国在监督管理上比对其他市场的管理投入的精力要大得多。物业管理市场是房地产消费过程的市场,但又与房地产的生产和流通有着密不可分的关系,因此倍受政府行政主管的关注。物业管理市场的运行分为供求关系确定阶段和商品交换阶段。这两个阶段都必须在政府行政主管部门的严密监督下进行。物业管理供求关系的确定主要采取招标投标的方式。招标投标是一种有组织的市场交易行为,政府对招标投标活动的组织和管理是十分必要的。《招标投标法》第七条规定:"招标投标活动及其当事人应当接受依法实施的监督。有关行政监督部门依法对招标投标活动实施监督,依法查处招标投标活动中的违法行为。对招标投标活动的行政监督及有关部门的职能划分,由国务院规定。"

　　法律规定了招标投标活动的过程和招标投标活动的当事人必须接受监督管理的义务。强制招标投标制度的建立,使当事人失去了自由选择确定供求关系方式的权利。物业管理影响社会公共利益,国家要求采用招标投标的方式确立供求合同关系,并接受政府依法对招标投标活动实施的监督管理。有关当事人应当服从与配合,包括向有关行政管理部门如实提供资料、接受依法进行的检查等。本章主要探讨对物业管理市场的管理,我们先揭示物业管理市场上存在的问题,然后在以下几节再分析解决问题的办法。

第一节　物业管理市场上目前存在的问题

　　物业管理招投标的开始意味着中国的物业管理市场已经启动,无庸置疑推动了物业管理行业的发展,但也给一些投机者带来一些可乘之机。随之在物业管理市场上出现了形形色色违规现象,又影响了物业管理的发展。因此解决物业管理市场存在的问题,加强对市场主体操作行为的管理已迫在眉睫。下面我们先对目前存在的问题进行一下分析。

　　一、规避招标

　　国家的《物业管理条例》提倡房地产开发与物业管理分离,要求住宅物业的建设单位"通过招投标的方法选聘具有相应资质的物业管理企业"。但这一规定排除了规模较小的住宅物业。有些房地产开发商为了仍然自管,或者私下授与有其他关系的物业管理企业,而将物业管理区域化整为零。物业管理项目的建设都是分阶段施工,于是房地产开发商分片与物业管理企业签约,规避国家对物业管理的强制招标。

　　二、虚假招标

　　出于各种不同的目的,在物业管理市场上经常出现虚假招标现象。这些假招标严重地损害了物业管理企业和广大业主的利益,干扰了物业管理市场的正常运作。

　　(一)项目炒作需要

房地产项目开发的目的是用于销售或出租,物业管理招标的时间是在售房许可证颁发之前。此时正是房地产项目推广的最佳时机,可以通过广告传达该项目的有关信息。

信息传递费用是房地产项目营销成本的主要成分,经济效益也体现在对信息传递成本的控制上。信息传递成功的标志是,房地产市场主体对开发商所提供信息的采信程度。因此如何压缩信息传播费用,增加单位信息传递的顾客访问率和采信率使其更加有效,是房地产营销过程所要研究的主要课题。

能够博得市场主体信任并采用的信息才是有效信息。信息发散源头、传播途径、传播方式和内容等,都在不同程度上影响着市场主体对信息的采信程度。目前,房地产开发商大多用公共媒体广告来发散信息,广告的传播效果与房地产市场主体对信息的认知程度有必然的联系。不同的时间和空间,市场主体对广告信息的认知程度也有所不同。房地产市场是逐渐发展完善的,市场主体也是逐渐成熟的。市场是否成熟取决于市场主体是否成熟,房地产市场主体的理性思维,是房地产市场发展过程中逐渐培养起来的,是从朦胧状态逐渐成熟的。目前,我国大多数地区的房地产市场,正由发展期向成熟期过渡或已经处于成熟期,潜在的需求者已经逐渐成熟和理性。在各开发商进行广告大战时,如果没有很好的创意就不能起到预期的效果。广告的效果主要在于发送的形式、频度和广度,使更多的潜在需求者得到房地产的销售信息。物业管理招标公告虽然诉求点主要是消费过程中的服务,但项目本身的信息也同时传达到潜在的房地产需求者。

广告是有成本的而且有时需要很高的费用,理想的广告策划是利用非广告形式,用最少的费用达到最好的效果。利用物业管理招标这一契机,可以使综合效果最优。按照《招标公告发布暂行办法》的规定,"依法必须招标项目的招标公告必须在指定的媒介发布。""指定媒介发布依法必须招标项目的招标公告,不得收取费用",因此招标可以节约广告费。另外,在物业管理市场启动初期,许多媒体都在追踪报道招标事宜,因此即使不免费,也可以花一次广告费而多次在公开媒体报导,提高信息发散频度。

(二)骗取客户资料

在物业管理开展的早期阶段,物业管理相关的资料(作业流程、管理制度以及财务预算等)都是企业的商业机密。境外的咨询机构策划一整套物业管理方案,大约索要人民币100万元左右的咨询费。有些开发商项目竣工后,不愿意将物业管理工作委托他人,拟欲自行管理,但又不知道如何管理。于是开发商公开招标,博览各物业管理企业的管理方案。开发商看懂或复印了各种技术资料后,并不与任何物业管理投标人签约而是自己管理。沿海城市在物业管理市场刚刚启动时,大多都有类似的现象发生。上当的物业管理企业蒙受了巨大损失再也不敢投标,严重地影响了物业管理市场的发展。

(三)搪塞行政要求串通招标投标

有些地区早已实行了售房前必须招标选聘物业管理企业的政策,开发商不自愿招标但又不得不进行招标。开发商已经选定了物业管理企业。在公布了招标信息后,开发商将标底暗地透露给预先选定的物业管理企业。其他投标人无法探知底细,仍然可使预定的物业管理企业中标。许多知情的物业管理企业为了避免不必要的损失而不去投标。如各物业管理企业都不投标,投标人只剩预选的物业管理企业光杆一家。在《物业管理条例》公布前,《招标投标法》第二十八条规定:"投标人少于三个的,招标人应当依照本办法重新招标。"按照此规定只能重新招标。上有政策下有对策,于是开发商或者预选的物业管理企业,请出两个物业管理企业陪绑,业内人士戏称"标托"。《物业管理条例》出台以后,其中第二十四条规定:"住宅物业的建设单位,应当通过招投标的方式选聘具有相应资质的物业管理企业;投标人少于3个或者住宅规模较小的,经物业所在地的区、县人民政府房地产行政主管部门批准,可以采用协议方式选聘具有相应资质的物业管理企业。"如果没有监督机制,开发商可以说投标人不足三人而采用议标。议标时如果也无人监管则开发商随心所欲仍然可以私相授受。这样就摆平了所有政策规定。但长此以往必定扰乱了物业管理市场损害业主利益。

抱有不正当目的招标的开发商在目的达到后,往往寻找一些借口拒绝各个投标人,仍然将项目委托给有特殊关系的物业管理企业。

三、物业管理招标投标过程存在的问题

（一）泄密

物业管理招投标应当有保密要求。《物业管理条例》第二十二条规定:"招标人不得向他人透露已获取招标文件的潜在投标人的名称、数量以及可能影响公平竞争的有关招标投标的其他情况。

招标人设有标底的,标底必须保密。"

在实际招投标过程中,由于操作者的法制观念淡漠,泄密事件不断发生。事先对于潜在投标人已经了如指掌,有的甚至媒体做了大量报道成为公众人物。通常每个企业投标的风格和报价习惯都有所不同,但却有一定很容易被发现的内在规律。如果投标人了解到竞争对手的基本情况,则可有的放矢显失公正。有些投标人想方设法窃取标底,瞄准标底投标使招标变成不平等竞争。

（二）评委问题

评委是物业管理招投标的裁判,如果评委存在主客观问题,不可能公平公正。

1. 职业道德

评委的职业道德应是首要问题。虽然我们可以调整工作程序,严格评标纪律制约评委,解决部分问题。但在答辩时无法保密,全凭评委专业技术水平和道德品质保持评标公正。

2. 专业水平

国家对评标专家要求很高,但许多招标单位不按国家要求从专家库选评委,而是随便找几个外行敷衍了事。评委不具备应有的专业知识,在打分时比较随意,不能代替业主把最优物业管理企业选出。

（三）程序中的问题

招标过程中的程序国家并无规定,但程序不合理对招标结果影响很大。如:招标策划开始时就将标底确定,则非常容易泄露标底。但如接受标书时再制定标底,即使泄露标底标书无法改变也不会影响评标结果。

四、后续问题

（一）合同的签署

虽然物业管理招投标是确定物业管理市场供求关系的重要环节。但招标时选好了物业管理企业,并不意味供求关系一定能够确定,不能最后签约也是经常发生的事。主要原因是物业管理服务质量鉴定方法复杂,很难用文字描述清楚。供求双方的任何一方提出的要

求,都可能使对方无法接受以至于不能签署合同。另外,有时虽然合同能够签订但开发商和物业管理企业为了本企业的利益而媾和,将不利于业主的条款写入合同则更是后患无穷。

（二）物业管理服务交换过程的问题

开发商选聘物业管理企业的目的是获得商品房销售许可证,允许所开发的商品房上市。物业服务合同签署后,房地产行政主管部门就可以为其办理售房手续。如果没有任何强制手段,开发商很难再对物业管理抱有积极态度。在物业管理服务过程中实际上形成无人监督管理。特别是入伙时间不长,业主大会尚未召开,业主一盘散沙,很难实施监管。此时可能会出现服务质量不符合合同要求或物业管理服务费收缴率不高等问题

1. 合同约定不明确

一般在合同中都应涉及到违约处理办法。但在现行的《物业管理委托合同》(示范文本)中,对服务质量的描述不是很细,无法量化责任更不好追究违约责任。示范文本仅仅是签订合同的框架,关于服务质量标准还应补充附件。根据我们了解到的情况,现在后附质量标准的物业管理委托合同并不多见。

2. 制约机制不健全

虽然物业管理服务合同的签署就意味着供求双方的相互制约机制已经建立。但敦促双方履行合同的义务制约机制并未建立健全,在交换过程中政府缺乏必要的监控。

3. 诉讼程序复杂

物业管理的纠纷比较琐碎,涉及的经济额度较小,但诉讼程序与大案无异,而且占用时间较长。一般从起诉受理到判结需要3～6个月的时间,另外执行又要经过一定时间。物业管理的纠纷需要及时解决,否则可能会影响公众利益。如果拖上半年甚至更长的时间,或许合同期限已到,纠纷解决与否已没有太大意义。

第二节 市场化的引导

一、舆论宣传

物业管理所面临的问题千头万绪,业主埋怨物业管理企业服务质量不好;物业管理企业埋怨业主没有交费的意识;业主和物业管理企业凑到一起又埋怨国家立法滞后。实际上,物业管理是全社会的事,关键的问题是全社会有关物业管理的观念和意识还没有到位。解决问题最好的办法是通过各种媒体进行舆论宣传,在公共媒体设立专栏讨论有关物业管理的各种具体问题,推进市场化进程。

物业管理开展以来,有关物业管理的新闻报道并不少见。问题是物业管理专业性很强,许多新闻工作者对物业管理相关知识知之甚少,对各个主体的责任认识不清,容易使舆论导向发生偏差,反到产生了负作用。还有一些不负责任的新闻工作者,炒作新闻,报导失实,影响极坏。

要想让新闻媒体引导物业管理健康发展,行业主管应该多做扎实的具体工作。首先应对负责物业管理领域的新闻工作者进行业务培训,使他们了解物业管理的基本知识。对于物业管理行业的发展动态,及时向新闻媒体通报。另外物业管理行业主管可以和新闻媒体合作设立专栏,号召物业管理市场相关主体参与讨论运行中问题。特别是新法规出台前后,

更应以各种形式集中宣传。让各个市场相关主体,都了解市场化对自己的好处。

(一)市场化有利于物业管理企业的发展

物业管理市场化可以给物业管理企业提供竞争平台,在竞争中优胜劣汰,可能有一部分小企业倒闭或被大的企业合并。这样市场上物业管理企业的数量会逐渐减少,而企业经营的规模会越来越大。企业经营的固定成本下降,需求方和供给方同时受益。有实力的供给方可以拓展业务范围,扩大经营规模,增加企业效益。

过去物业管理企业只能管理上一级法人单位所开发的房地产项目,不论是否愿意接管,有没有能力接管,都必须接管。市场化可以使物业管理企业在市场上自由选择适合自己企业的项目。

(二)市场化有利于消费者

市场化可以改变过去房地产开发企业私相授受,通过全社会公开竞争,选择服务质量最好、服务成本最低的企业进行管理,使消费者直接受益。

(三)市场化有利于全社会

物业管理的主体广泛性决定了物业管理与全社会息息相关,市场化有利于各个市场主体,也牵动着整个社会。物业管理是社会进步的体现,而物业管理的向前发展也能推动社会进步。物业管理市场化有利于全社会的发展。

二、引导市场需求

市场上的消费需求是消费者经济实力所支持的对某种商品的欲望。消费资料属于消费者所有,对于消费方向消费者有充分的决策权。但是任何一个消费者都是社会成员之一,其消费应当符合当前社会和当前阶段的生产关系与生产力的发展。任何脱离社会客观环境的消费都是不易实现,也是不利于社会发展的。反之,如果社会发展需要的某种需求,由于消费者没有认识到其重要性而消极回避,也是不可取的或者说是社会发展所不允许的。普通的消费者没有能力洞察、分析和预测社会上各项消费的必要性和可能性,仅凭直觉进行消费,存在一定的盲目性和短期行为。社会的组织者和各级管理者,有义务、有责任引导市场消费需求,必要时也可以通过立法强制某种消费需求。

产权结构的多元化势必引起管理模式的变化,物业管理是管理模式演变的结果。物业管理的最终目的是要提高消费质量,维护业主巨款购得物业的完好程度,以期在设计使用年限内能够安全使用。物业管理的受益者虽然是分散的各个业主,但由于它是一种准公共物品,所以其消费形式却是群体消费。具体到每一个业主不一定能够认识到物业管理给自己带来的好处,不都能自觉产生这种消费需求。如果业主的物业因为失修失养而提前退役,肯定会产生物业管理的消费需求。但需要经历几十年的时间,而且是以给个人、国家和社会不可弥补的损失为代价。既然社会的组织者和管理者能够预见恶果的必然出现,就应该动用国家机器要求业主产生这种消费需求。因此现在国家出台了一些法规和政策,强制公开招标产生市场需求。

三、生产与消费剥离

房地产开发与消费管理合一不利于市场发展,国家通过立法强制剥离。强调必须是独立企业法人才能接管物业,而且开发商所开发的物业项目不能直接交给自己的下级企业管理。

第三节 物业管理招标投标专职管理机构

物业管理招投标是物业管理市场运行的重要环节。通过招投标锁定了某段时间的供求关系,为业主找到优秀的管家。但如果对物业管理招投标过程管理失控,将会使招标流于形式,产生很多腐败现象,严重地损害业主利益,影响物业管理市场的正常运行。因此对物业管理招投标过程进行监督管理是十分必要的,应该制定相关的法规和操作规程,并设置专业管理机构。

国家规定有关行政监督部门要依法对招标投标活动实施监督,依法查处招标投标活动中的违法行为。物业管理招标投标活动比较复杂,更需要强化监督管理。政府的有关行政监督部门可以直接对招标投标活动全过程实施监督,也可以委托服务机构代行监督职能。但这种服务机构不能是社会上的中介企业,而是专司此职的事业单位。

一、设置招投标监督管理部门或服务机构的条件

(一)物质条件

1. 会场

公开招标的过程中,投标预备会、开标、询标和答辩都需要有一个大小适度的会场。参加会议的人除当事人之外,还有公证人员、行政主管部门、新闻媒体记者和部分业主等。因此会场至少需要能容纳几十人甚至百余人。

2. 评标室

为了保证评标的独立性,必须给每个评委预备一间评标室。按照规定每次评标评委不得少于5人,因此监督管理机构的评标室也应不少于5间。

3. 电脑

信息收集、储存、处理、排序、寻优以及抽取专家都需要用电脑。设备比较好的监督管理机构,在每个评标室都备有电脑,评委可将分数直接敲入,信息处理中心随时收集处理。

4. 多媒体投影仪

用于宣讲和答辩时演示。

5. 应用软件

用于抽取专家、分数汇总、寻优定标。

(二)专业技术力量

1. 物业管理专业人才

至少有3名从事物业管理专业工作8年以上,具有中级以上专业技术职称的物业管理专业人才。

2. 工程系列专业人才

至少有1名建筑结构、建筑学或规划方面的工程师。

3. 经济系列专业人才

至少有1名经济师。

4. 计算机专业人才

至少有1名计算机专业人才负责系统维护。

二、物业管理招投标监督管理部门或服务机构职责

（一）物业管理招标登记

房地产开发项目在售房前必须招标，并签订前期物业服务合同。房地产市场管理部门，需要见到招标有关资料和已经签订的前期物业服务合同，才能发放商品房销售许可证。管理机构负责物业管理招标登记，并监控招标过程直至签订前期物业服务合同。然后将有关资料转交给房地产市场管理部门。

（二）监控招标投标的操作过程

监控的主要是一些关键环节，而不是招标投标的全过程。

（三）招标技术指导和技术支持

招标过程中标底的确定、影响评标项目权重的确定以及评分标准的制定等问题的难度较大，技术含量比较高。有时招标方并不十分清楚，管理机构可以给予技术指导。物业管理招标需要一定的软件和硬件支持，如：评标室、答辩会议室、宣讲用的多媒体投影仪、计算机及抽取评标专家和分数汇总软件等。这些物质条件一般招标人是不具备的，必须有常设专业机构的技术支持。

（四）信息管理

国家要调控物业管理市场，就必须有充分的市场资料为依托。市场的需求方和供给方在市场运行中，都需要市场资料作参考。因此管理机构应该对市场资料进行收集、整理、储存和发布。

（五）档案管理

招标投标过程中的重要文件和资料应存档备查。

三、监督管理部门或服务机构运作流程

（一）流程图（见图14-1）

（二）主要环节的说明内容

1. 招标登记和审批

监督管理部门应负责办理招标登记手续，有些招标还需要进行审批。审批的主要内容是项目的合法性和资金落实情况。

2. 敦促编制招标文件

招标文件是招标和投标的核心，应由招标人事先拟订，监督管理部门只是负责检查落实情况。但目前物业管理强制招标刚刚开始，许多开发商在办理售房许可证时才知道必须招标选聘物业管理企业，对于如何编制招标文件一无所知。监督管理部门有义务宣传和解释有关法规政策，并适时提供必要的服务。首先应了解招标人是自行招标还是委托代理招标。如果自行招标可以向招标人就编制招标文件提出指导意见；如果是委托招标，可以向招标人提供有代理资质的代理机构名录，任其自由挑选，由招标代理机构为其编制招标文件。

3. 指导招标人发布招标信息

对于强制招标的项目，监督管理部门应监督招标人一定在公共媒体刊登招标公告。同时监督管理部门有义务向招标人介绍国家的免费公共媒介。

4. 监督投标报名

国家规定投标报名人数少于3个或者住宅规模较小的，经物业所在地的区、县人民政府房地产行政主管部门批准，可以采用协议方式选聘具有相应资质的物业管理企业。为了避

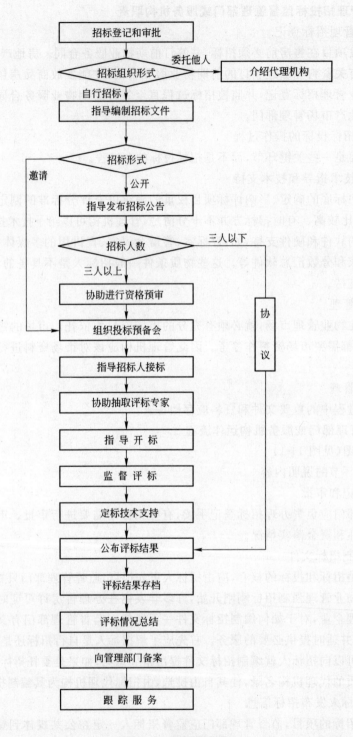

图 14-1 招标流程图

免招标人隐瞒报名人数,与其子公司协议选聘物业管理企业,监督管理部门必须监督接待潜在投标人报名。

5. 协助进行资格预审

招标人可以根据预定的条件对潜在投标人进行预审。但招标人并不掌握投标人的资信程度和业绩,监督管理部门协助其向行业主管了解核实。

6. 组织投标预备会

投标预备会可以由招标人自己组织,但需要监督管理部门或服务机构提供场地和设备的支持,并对公正性进行必要的监督。

7. 指导招标人接标

招标人可以自己接收投标文件,但一般单位不经常招标不预备符合要求的标箱,对保密方面的要求也不甚了解。因此最好是由监督管理部门协助或指导接标。

8. 监督抽取评标专家

为了保证评标的公正和公平必须对抽取专家的环节进行监控,没有成立招标投标监督管理部门的应由行政主管部门负责监督。抽取专家的时间不宜过于提前,只要预留出路程时间即可,否则容易泄密。专家确定以后立即电话通知专家本人,如果因故不能前来评标再次随机抽取;如果专家可以前来评标,到达评标现场立即入围。

9. 监督评标

评标的全过程必须在监督管理部门或委托机构监控之下进行。评标一定要保证独立性,不得有任何外界干扰,也不能与任何人接触。"监督管理机构"为评标专家评标和公开答辩提供场所,并指导招标人组织评标,为专家评标提供相应的技术支持和服务。专家评标的目的是综合各位专家对投标书和答辩的独立见解,因此必须将每位专家封闭起来单独评标。

10. 定标技术支持

分数的汇总、排序、寻优等信息的处理,由监督管理部门负责。

11. 收尾工作

定标后的公布结果、发放中标通知书、总结、跟踪服务等均由监督管理部门或服务机构负责。

第四节　对招标投标过程的监督管理

一、对招标过程中重要环节的监控

(一)强制公开招标

1. 发布信息

规避招标是一种违法行为,也是目前物业管理市场比较严重的问题之一。《招标投标法》规定:"法律或者国务院对必须进行招标的其他项目的范围有规定的,依照其规定。"而《物业管理条例》已明确规定"住宅物业的建设单位,应当通过招投标的方式选聘具有相应资质的物业管理企业"。同时《招标投标法》还规定:"任何单位和个人不得将依法必须进行招标的项目化整为零或者以其他任何方式规避招标"。为了有效控制开发商以规模较小为由规避公开招标,严格审查开发商提交的文件。符合公开招标的项目,监督管理机构敦促招标人在指定媒介免费发布招标信息。在招标文件中,招标人不得以不合理的条件限制或者排斥潜在投标人的,对潜在投标人实行歧视待遇。

2. 投标报名

为了避免开发商以报名人数不足三人而协议确定物业管理企业,监督管理部门或服务机构负责接待报名。一旦投标人超过三个,马上着手进行公开招标投标的各项程序。

(二)资格预审

按照国家规定,"在资格预审合格的投标申请人过多时,可以由招标人从中选择不少于5家资格预审合格的投标申请人。"有些开发商为了把项目留给自己的物业管理企业,借机将一些实力较强的企业排除在外,留下4家力量较弱的企业与自己的物业管理企业竞争。招标投标监督管理部门或服务机构,可以按国家有关规定协助或者监督招标人确定入围人选。

(三)组织投标预备会

对物业管理项目真实情况了解的程度,直接影响标书的编制和答辩。如果招标人在介绍物业情况和回答问题时,有意对意中企业倾斜而给出不同的答案则有失公正。管理机构可组织所有投标人共同勘察现场,集体质疑让招标人公开答疑,保证招投标的公正性。

(四)后续工作跟踪服务

物业管理行政主管部门对招投标的后续工作要进行跟踪调查,主要应关注合同是否签署以及补充协议的内容是否与合同冲突。按照国家规定中标通知发出之后,30日内应当签署书面合同。我们也经常遇到招标工作结束后,合同迟迟不能签订,影响物业管理正常运行。其原因大多为某一方提出附加条件使对方无法接受,或者客观条件出现变化使某一方不敢签约。行政主管部门应协调解决问题,敦促双方早日签订合同。另外,国家规定合同的内容应以招标文件和投标文件为准,"招标人和投标人不得再行订立背离合同实质性内容其他协议。"(《前期物业管理招标投标管理暂行办法》第三十八条)。《物业管理委托合同》国家有示范文本,现在全国各地大多以此为格式合同。但有时有些物业比较特殊或招标人的要求比较特殊,格式文本不能完全表达清楚,可以附加补充协议。但任何协议的订立都不得"背离合同实质性内容"按说物业管理服务合同的签署是一种民事行为,只要是双方自愿,他人无权干涉。我国《合同法》第四条也明确指出:"当事人一方享有自愿订立合同的权利,任何单位和个人不得非法干预"。国家之所以立法干预此事,是因为物业管理服务是一种公众服务,牵涉到广大业主的切身利益,国家应该予以高度重视。而且国家的这一规定也是有法可依的,《合同法》第五十二条规定:"有下列情形之一的,合同无效:

(一)一方以欺诈、胁迫的手段订立合同,损害国家利益;

(二)恶意串通、损害国家、集体或者第三人利益;

(三)以合法身份掩盖非法目的;

(四)损害社会公众利益;

(五)违反法律、行政法规强制性规定。"

这里所说的合同有效和无效,多以是否损害国家、集体、第三人和公众利益为判别依据。其他国家在立法原则中也以是否违反公共秩序和善良风俗,为确立合同有效和无效的准则。我国立法中没有公共秩序和善良风俗的概念,但有社会公共利益的概念。《民法通则》第五十八条规定:"违反社会公共利益的行为为无效。"按照法学界的一般解释,社会公共利益的概念相当于公序和良俗的概念。《民法通则》所提到的是"社会公共利益",《合同法》中提到的是"社会公众利益",在物业管理中实际是一个意思。物业管理服务是一种准公共物品,涉及到广大业主的公众利益也就是社会公共利益。

物业管理服务合同是按照招标文件和投标文件订立的。招标文件曾经公诸于众,已受全社会审查,投标文件已经过评标委员会把关,都不会有损社会公众利益的内容。按照这两个文件主要内容以国家示范文本为格式合同所订立的主合同,是能够保证社会公众利益的。如果房地产开发企业和物业管理企业,为了本企业的各自利益而双方媾和,签订了违背主合同的其他协议,则行政主管部门应予及时纠正。

二、对投标过程的管理

（一）投标人的资格条件

物业管理行政主管部门掌握着物业管理企业的信用档案,涉及到有关企业的资质等级、人员的资格、投诉记载等情况。如果投标人用虚假的情况欺骗招标人,行政主管部门有义务揭露和处理。

（二）控制串通投标的行为

串通投标有两种,一种是投标人与投标人串通,另一种是投标人与招标人串通。

1. 投标人与投标人串通

投标人之间的串通有以下几种形式：

（1）投标人之间相互约定,一致抬高或压低投标报价；

（2）投标人之间相互约定,在招标项目中轮流以高价位或低价位中标；

（3）投标人之间先进行内部竞价,内定中标人,然后参加投标。

2. 投标人与招标人串通

投标人与招标人串通的主要表现形式有：

（1）招标人提前秘密开标,将某些投标人的投标报价透露给其他投标人。协助某投标人更改投标文件、更改投标报价；

（2）招标人向投标人泄露标底；

（3）投标人与招标人商定,在招标时抬高或压低价格,中标后再给投标人或招标人补偿；

（4）招标人预先内定中标人,在定标时以此决定取舍。

根据《关于禁止串通招标投标行为的暂行规定》规定有上述行为的,其中标无效。而且工商行政管理机关可处1万至20万元罚款。

三、对决标过程的管理

（一）对评标委员会的管理

《评标委员会和评标方法的暂行规定》第六条规定："评标活动及其当事人应当接受依法实施的监督。

有关行政监督部门依照国务院或者地方政府的职责分工,对评标活动实施监督,依法查处评标活动中的违法行为。"评标是物业管理招标投标活动的核心,评标委员会是招标各组织中技术性最强的组织。为了使评标活动能够遵循公平、公正、科学、择优的原则,物业管理行政主管应当加强对招标投标活动的管理。第四条规定："评标活动依法进行,任何单位和个人不得非法干预或者影响评标过程和结果。"

1. 建立评标专家名册

按照《招标投标法》的规定,评标专家可以从"国务院有关部门或者省、自治区、直辖市人民政府有关部门提供的专家名册或者招标代理机构专家库内的相关专业的专家名单中确定,特殊招标项目可以由招标人直接确定。"但是前期物业管理招标投标,评标专家名册只能由房地产行政主管部门建立。

国家的专家名册是由中国物业管理协会建立,现在一共有八十余名分布于全国各地。但八十多名远远不够全国物业管理招标时使用,省、自治区、直辖市人民政府房地产行政主管应当建立地方的评标专家名册。专家名册较少的城市可以将专家名册合并或者实行专家名册计算机联网。

按照《招标投标法》和《评标委员会和评标方法暂行规定》评标专家的条件比较严格。主要条件有：

（1）从事相关专业领域工作满8年并具有高级职称或者同等专业水平。

（2）熟悉有关招标投标的法律法规,并具有与招标项目相关的实践经验。

（3）能够认真、公正、诚实、廉洁地履行职责。

业内人士中完全符合条件的并不多见。因为在物业管理企业中,评审专业技术职务的机会较少。因此,物业管理行业内有高级职称的人数很少。高级职称的专业人士在学校和科研机构比较多,但实践的机会太少也不符合法律法规的规定。《前期物业管理招标投标管理暂行办法》中没有对评标专家的条件作出规定,国家和地方的专家名册中也出现了不是高级职称或无职称的个别评标专家。

房地产行政主管还要对进入专家名册的专家进行管理,其中包括法律法规和业务知识的培训和对评标能力、廉洁公正等进行综合考核。一旦发现某位评标专家不称职或者有违法违规行为,立即取消评标专家资格。被取消专家资格的人员,不得再参加任何评标活动。

2. 对评标委员会的管理

评标委员会的职责是负责评标活动,向招标人推荐中标候选人或者根据招标人授权直接确定中标人。房地产行政主管部门对评标委员会必须加强管理。

（1）评标委员会的组建

评标委员会是由招标人依法组建,其成员主要由招标人代表和物业管理专家组成。评标委员会成员为5人以上的单数,其中招标人代表小于成员总数的1/3,物业管理方面的专家大于成员总数的2/3。

（2）抽取专家的方法

"评标委员会的专家成员,应当由招标人从房地产行政管理部门建立的专家名册中采取随机抽取的方式确定。在具体操作时,应由房地产行政主管部门监督进行。如果该地区已经建立了物业管理招标投标管理机构,也可以委托"管理机构"监督抽取。抽取方法可以采用抓阄的方法,也可以编制一个简单的软件采用"机抽"。

（3）不准进入评标委员会的人士

有下列情形之一的,不得担任评标委员会成员：

1）投标人或者投标人主要负责人的近亲；

2）项目主管部门或者行政监督部门的人员；

3）与投标人有经济利益关系,可能影响对投标公正评审的；

4）曾因在招标、评标以及其他与招标投标有关活动中从事违法行为而受过行政处罚或刑事处罚的。

评标委员会成员有前款规定情形之一的,应当主动提出回避。

(4) 对评标委员会成员的要求

评标委员会成员应当客观、公正地履行职责,遵守职业道德,对所提出的评审意见承担个人责任。

按照国家规定评标委员会成员不得与任何投标人或者与招标结果有利害关系的人进行私下接触,不得收受投标人、中介人、其他利害关系人的财物或者其他好处,否则有失公正。为了避免评标专家与投标人接触,应尽量缩短评标专家接到入围通知到实际入围的时间。

评标委员会成员应当签订保密责任书,一旦发现泄密行为,将追究其法律责任。投标文件是企业市场竞争的核心机密,投标人互相封闭不允许泄露给竞争对手。因此,要求评委不仅在评标时有保密的责任,而且在决标后仍然要对投标文件内容保密。

(二) 评标

1. 评标过程控制

对评标过程的管理要绝对控制评委与外界的联系,评标室不得安装电话,将评委所携带的通讯工具暂时保存在招标管理机构;评标室内预先放好纸笔,供专家记录和提出答辩问题使用,评标结束后收回记录不准带离会场。工作人员不准随意进入评标室,特殊需要应请示现场负责人派两人同时进入。

2. 评标报告

《招标投标法》第四十七条规定:"依法必须进行招标的项目,招标人应当自确定中标人之日起 15 日内,向有关行政监督部门提交招标投标情况的书面报告。"

第五节 物业管理招标投标公证

物业管理招标投标公证应该贯穿活动的全过程,但决标是最后也是最重要的环节,是公证人员监督的重点。物业管理的招标投标国家并没有要求一定公证,只是说可以由招标人委托公证。但一般比较大的物业管理项目招标投标时大多委托公证机构进行公证。

公证是指国家专门设立的公证机构根据法律规定和当事人的申请,按照法定的程序证明法律行为、有法律意义的实施和文书的真实性、合法性的非诉讼活动。公证机构是国家的司法证明机构,代表国家办理公证事务,行使国家公证职权。

一、公证的意义

物业管理招标投标公证是国家公证机关依法证明招标投标行为的真实性、合法性的活动。进行公证的意义在于:

(一) 规范市场行为

前面我们介绍了一些物业管理市场违规行为,以及对物业管理行业和社会的危害。加强对市场行为的管理,应该从多条渠道入手,"公证"是重要的手段之一。只立法而没有保证法律实施的必要措施,法律只是一纸空文。通过公证机构的公证,可以提示和监督市场活动按照法律规定操作,保证了市场行为的合法性,并代表国家予以证实。

(二) 监督物业管理市场主体

招标的目的是为了保证社会公众的权益,而公证可以使其更加有效和合法。通过公证监督主体,可以避免和杜绝主体的违法行为和违法企图。

(三) 保证当事人的合法权益

国家强制招标就是为了保证当事人的合法权益,但操作中的疏漏往往使招标投标活动达不到预期目的。公证可以监督招标投标中的各个环节,堵塞漏洞保证了当事人的合法权益。

二、物业管理招标投标公证的程序

物业管理招标投标公证主要有三个阶段,即:公证申请受理、现场监督和公布公证结果。

(一) 公证申请和受理

1. 招标人申请公证

招标人认为有必要委托公证机构公证的应该先到公证机构申请公证。申请时申请人应填写公证申请表,并提交下列材料:

(1) 法人资格证明和法定代表人身份证明及本人身份证件,代为申请的,应提交授权委托书和本人的身份证件;

(2) 委托招标的,提交授权委托书和具有承办招标事项的资格证明;

(3) 有关的行政主管部门对招标项目和招标活动的批准文件;

(4) 招标的组织机构及人员名单;

(5) 招标公告(或招标邀请书)和招标文件;

(6) 投标人资格预审文件;

(7) 评标组织机构及其成员名单;

(8) 公证人员认为应提交的其他文件。

2. 公证机构受理公证申请

公证机构应对上述材料进行审核,确认招标人的法人地位、法定代表人的身份、招标项目和招标活动的合法性等。如果符合下列条件的申请,公证处应予受理,并书面通知申请人:

(1) 申请人招标投标公证申请由招标方提出。委托招标的由受托招标方提出。招标投标公证申请,应于招标通知(公告)或招标邀请函发出之前提出,特殊情况下,也必须于投标开始前提出;

(2) 申请公证事项属于该证处管辖;

(3) 申请人应提交上述材料中1、2、3、8项所列,材料基本齐全;

不符合前款规定条件的申请,公证处应作出不予受理的决定,通知当事人,并告知对不受理不服的复议程序。

(二) 现场监督

按照《公证程序规定》和《招标投标公证程序细则》的要求,对招标投进行公证,公证人员必须亲临现场监督。公证处应派二名以上公证人员(其中应至少有一名公证员)参加整个招标投标活动,进行现场监督和证明。

1. 现场监督的要求:

(1) 要以监督者而不是招标活动的主持人或当事人的身份,对招标投标活动进行法律监督;

(2) 公证人员必须亲自参加招标投标活动的全过程;

(3) 公证人员对整个现场活动都应认真制作记录并存档;

(4) 公证人员应认真行使监督职权,如发现招标投标活动中出现违反国家有关法律、政策或招标文件的行为时,应立即予以指出,令其纠正;当事人拒绝纠正的,应立即终止现场监督的公证活动,并当场宣布终止公证活动的理由和决定。

(5)公证员应参加评标会议,对违反规定的,应予纠正,但不得担任评标机构的成员。

2. 重点监督的主要环节

(1)投标前,公证员应检查投标箱并加封。

(2)投标时,公证人员应查验投标人的身份,记录投标人投送标书的时间,检查并记录标书密封情况。

(3)投标截止时,公证员应封贴投标箱。

(4)公证员应监督招标方(受托招标方)按规定的时间和地点开标。

(5)开标前,公证员应查验投标方的法人资格证明及代表人或代理人的身份证明,审查投标方是否符合规定的投标条件。

(6)公证员应检查投标箱的密封情况,监督投标箱的启封。

(7)投标箱开启后,公证员应检查投标书的密封情况,监督投标书的启封。

(8)公证员应验明投标书是否有效。有下列情况之一者,应作无效标书处理:

1)投标人不具备投标资格的;

2)投标书未密封的;

3)没有报价的;

4)投标书未加盖本单位公章及法定代表人未签字的;

5)投标书未按规定的格式、内容和要求填写的;

6)投标书书写潦草、字迹模糊不清难以辨认的;

7)投标书逾期送达的;

8)在一个招标项目中,投标单位投报两个或多个标书或有两个或多个报价,又未书面声明其中哪一个有效的;

9)投标方未能按要求提交投标保函的;

10)其他不符合招标文件要求的。

(9)唱标时,公证员应监督唱标,并作记录。如发现所唱投标书内容与正本不相符的,应予纠正。

(10)开标结束后,公证员应当场口头证明开标活动真实、合法,并作出记录。

三、公证证明

(一)出具公证的条件

1. 招标项目和招标活动已获政府行政主管部门批准;

2. 对招标人和投标人的资格审查无误;

3. 招标文件和投标文件符合法律、法规的要求;

4. 招标、投标和决标的全过程符合法律、法规的规定和招标文件的要求。

(二)出具公证的程序

1. 公证员应当对评标、定标的情况进行记录,并在定标决议书上签名。

2. 评标结束后,公证员应宣读公证词,对整个招标投标活动的真实性、合法性予以证明。

3. 公证处应在公证员宣读公证词后的七日内出具公证书。宣读现场公证词的时间为公证书的生效时间。

(三)公证证明参考格式

1. 物业管理招标投标公证词

(项目全称)招标公证词

_____　　　　　　　_____字第_____号

根据_____(招标人全称)的申请,_____公证处于_____年_____月_____日正式受理了_____(物业管理招标项目全称)物业管理招标投标活动的公证,承办此次招标活动的公证的为公证处的公证员_____和_____。

经审查和现场监督,招标项目与招标活动已获房地产行政主管部门批准招标人和投标人均具有合法的招标、投标资格(如某单位无合法资格应在此说明原因和处理结果)。招标文件合法,投标箱密封完好,_____、_____和_____(投标人全称),所投标书均符合招标文件的规定为有效标书(如某标书不符合招标文件规定应在此说明原因和处理结果)。整个招标过程的各项活动均符合《招标投标法》、《物业管理条例》、《前期物业管理招标投标管理暂行办法》等有关法律、法规和招标文件的规定,经评标委员会评议,投标人_____(中标人全称)中标;投标人_____、_____(投标人全称)未能中标(如果全部未能中标,应在此说明)。

现在我宣布,此次招标活动的结果合法、有效。

中华人民共和国_____省_____市公证处
公证员_____、_____
_____年_____月_____日

2. 物业管理招标投标公证书

(项目全称)招标公证书

_____　　第　　　号

兹证明_____(招标人全称)于_____年_____月_____日在_____(地点)对_____(项目全称)举行了公开招标,_____、_____和_____(投标人全称)参加了投标,_____(中标人全称)中标(如果全部未能中标,应在此写全未中标)。

经审查和现场监督,招标项目与招标活动已获房地产行政主管部门批准招标人和投标人均具有合法的招标、投标资格(如某单位无合法资格应在此说明原因和处理结果)。招标文件合法,投标箱密封完好,_____、_____和_____(投标人全称),所投标书均符合招标文件的规定为有效标书(如某标书不符合招标文件规定应在此说明原因和处理结果)。整个招标过程的各项活动均符合《招标投标法》、《物业管理条例》、《前期物业管理招标投标管理暂行办法》等有关法律、法规和招标文件的规定,招标活动的结果合法、有效。

中华人民共和国_____省_____市公证处
公证员_____、_____(签名)
_____年_____月_____日

（四）拒绝公证

经审查,有下列情况之一者,应拒绝公证：

1. 招标方不具备招标资格的；
2. 受托招标方不具有承办招标事项的资格或未获得合法授权的；
3. 招标项目、招标活动未经有关主管部门批准的；
4. 招标文件及有关材料不真实或不合法的。

拒绝公证的,公证处应将拒绝的决定和理由书面通知申请人,并告知对拒绝不服的复议程序。

第六节 交换过程的管理

一、服务质量管理

（一）质量要求

物业管理市场上供求双方对各类物业服务质量的约定千差万别,一般没有统一要求国家也不进行干预。国家只对普通住宅有质量标准,供求双方可以商定采用哪级别的质量标准,并在合同中表达清楚。物业管理企业的服务达不到要求,业主可以向有关行政部门投诉,以求得出面干预。但业主的需求欲望也同样受质量标准的限制,不能提出超过质量标准的要求。

附：

普通住宅小区物业管理服务等级标准(试行),见表14-1、表14-2和表14-3。

一 级　　　　　　　　表14-1

项　目	内　容　与　标　准
（一） 基本 要求	1. 服务与被服务双方签订规范的物业服务合同,双方权利义务关系明确。 2. 承接项目时,对住宅小区共用部位、共用设施设备进行认真查验,验收手续齐全。 3. 管理人员、专业操作人员按照国家有关规定取得物业管理职业资格证书或者岗位证书。 4. 有完善的物业管理方案,质量管理、财务管理、档案管理等制度健全。 5. 管理服务人员统一着装、佩戴标志,行为规范,服务主动、热情。 6. 设有服务接待中心,公示24小时服务电话。急修半小时内、其他报修按双方约定时间到达现场,有完整的报修、维修和回访记录。 7. 根据业主需求,提供物业服务合同之外的特约服务和代办服务的,公示服务项目与收费价目。 8. 按有关规定和合同约定公布物业服务费用或者物业服务资金的收支情况。 9. 按合同约定规范使用住房专项维修资金。 10. 每年至少1次征询业主对物业服务的意见,满意率80%以上
（二） 房屋 管理	1. 对房屋共用部位进行日常管理和维修养护,检修记录和保养记录齐全。 2. 根据房屋实际使用年限,定期检查房屋共用部位的使用状况,需要维修,属于小修范围的,及时组织修复；属于大、中修范围的,及时编制维修计划和住房专项维修资金使用计划,向业主大会或者业委员会提出报告与建议,根据业主大会的决定,组织维修。 3. 每日巡查1次小区房屋单元门、楼梯通道以及其他共用部位的门窗、玻璃等,做好巡查记录,并及时维修养护。 4. 按照住宅装饰装修管理有关规定和业主公约(业主临时公约)要求,建立完善的住宅装饰装修管理制度。装修前,依规定审核业主(使用人)的装修方案,告知装修人有关装饰装修的禁止行为和注意事项。每日巡查1次装修施工现场,发现影响房屋外观、危及房屋结构安全及拆改共用管线等损害公共利益现象的,及时劝阻并报告业主委员会和有关主管部门。 5. 对违反规划私搭乱建和擅自改变房屋用途的行为及时劝阻,并报告业主委员会和有关主管部门

续表

项 目	内 容 与 标 准
（二）房屋管理	6. 小区主出入口设有小区平面示意图，主要路口设有路标。各组团、栋及单元（门）、户和公共配套设施、场地有明显标志
（三）共用设施设备维修养护	1. 对共用设施设备进行日常管理和维修养护（依法应由专业部门负责的除外）。 2. 建立共用设施设备档案（设备台帐），设施设备的运行、检查、维修、保养等记录齐全。 3. 设施设备标志齐全、规范，责任人明确；操作维护人员严格执行设施设备操作规程及保养规范；设施设备运行正常。 4. 对共用设施设备定期组织巡查，做好巡查记录，需要维修，属于小修范围的，及时组织修复；属于大、中修范围或者需要更新改造的，及时编制维修、更新改造计划和住房专项维修资金使用计划，向业主大会或业主委员会提出报告与建议，根据业主大会的决定，组织维修或者更新改造。 5. 载人电梯24小时正常运行。 6. 消防设施设备完好，可随时启用；消防通道畅通。 7. 设备房保持整洁、通风，无跑、冒、滴、漏和鼠害现象。 8. 小区道路平整，主要道路及停车场交通标志齐全、规范。 9. 路灯、楼道灯完好率不低于95%。 10. 容易危及人身安全的设施设备有明显警示标志和防范措施；对可能发生的各种突发设备故障有应急方案
（四）协助维护公共秩序	1. 小区主出入口24小时站岗值勤。 2. 对重点区域、重点部位每1小时至少巡查1次；配有安全监控设施的，实施24小时监控。 3. 对进出小区的车辆实施证、卡管理，引导车辆有序通行、停放。 4. 对进出小区的装修、家政等劳务人员实行临时出入证管理。 5. 对火灾、治安、公共卫生等突发事件有应急预案，事发时及时报告业主委员会和有关部门，并协助采取相应措施
（五）保洁服务	1. 高层按层、多层按幢设置垃圾桶，每日清运2次。垃圾袋装化，保持垃圾桶清洁、无异味。 2. 合理设置果壳箱或者垃圾桶，每日清运2次。 3. 小区道路、广场、停车场、绿地等每日清扫2次；电梯厅、楼道每日清扫2次，每周拖洗1次；一层共用大厅每日拖洗1次；楼梯扶手每日擦洗1次；共用部位玻璃每周清洁1次；路灯、楼道灯每月清洁1次。及时清除道路积水、积雪。 4. 共用雨、污水管道每年疏通1次；雨、污水井每月检查1次，视检查情况及时清掏；化粪池每月检查1次，每半年清掏1次，发现异常及时清掏。 5. 二次供水水箱按规定清洗，定时巡查，水质符合卫生要求。 6. 根据当地实际情况定期进行消毒和灭虫除害
（六）绿化养护管理	1. 有专业人员实施绿化养护管理。 2. 草坪生长良好，及时修剪和补栽补种，无杂草、杂物。 3. 花卉、绿篱、树木应根据其品种和生长情况，及时修剪整形，保持观赏效果。 4. 定期组织浇灌、施肥和松土，做好防涝、防冻。 5. 定期喷洒药物，预防病虫害

二 级

表 14-2

项 目	内 容 与 标 准
（一）基本要求	1. 服务与被服务双方签订规范的物业服务合同，双方权利义务关系明确。 2. 承接项目时，对住宅小区共用部位、共用设施设备进行认真查验，验收手续齐全。 3. 管理人员、专业操作人员按照国家有关规定取得物业管理职业资格证书或者岗位证书。 4. 有完善的物业管理方案，质量管理、财务管理、档案管理等制度健全。 5. 管理服务人员统一着装，佩戴标志，行为规范，服务主动、热情。 6. 公示16小时服务电话。急修1小时内，其他报修按双方约定时间到达现场，有报修、维修和回访记录。 7. 根据业主需求，提供物业服务合同之外的特约服务和代办服务的，公示服务项目与收费价目。 8. 按有关规定和合同约定公布物业服务费用或者物业服务资金的收支情况

续表

项 目	内 容 与 标 准
（一）基本要求	9. 按合同约定规范使用住房专项维修资金。 10. 每年至少1次征询业主对物业服务的意见，满意率75％以上
（二）房屋管理	1. 对房屋共用部位进行日常管理和维修养护，检查记录和保养记录齐全。 2. 根据房屋实际使用年限，适时检查房屋共用部位的使用状况，需要维修，属于小修范围的，及时组织修复；属于大、中修范围的，及时编制维修计划和住房专项维修资金使用计划，向业主大会或者业委员会提出报告与建议，根据业主大会的决定，组织维修。 3. 每3日巡查1次小区房屋单元门、楼梯通道以及其他共用部位的门窗、玻璃等，做好巡查记录，并及时维修养护。 4. 按照住宅装饰装修管理有关规定和业主公约(业主临时公约)要求，建立完善的住宅装饰装修管理制度。装修前，依规定审核业主(使用人)的装修方案，告知装修人有关装饰装修的禁止行为和注意事项。每3日巡查1次装修施工现场，发现影响房屋外观、危及房屋结构安全及拆改共用管线等损害公共利益现象的，及时劝阻并报告业主委员会和有关主管部门。 5. 对违反规划私搭乱建和擅自改变房屋用途的行为及时劝阻，并报告业委员会和有关主管部门。 6. 小区主出入口设有小区平面示意图，各组团、栋及单元(门)、户有明显标志
（三）共用设施设备维修养护	1. 对共用设施设备进行日常管理和维修养护(依法应由专业部门负责的除外)。 2. 建立共用设施设备档案(设备台帐)，设施设备的运行、检查、维修、保养等记录齐全。 3. 设施设备标志齐全、规范，责任人明确，操作维护人员严格执行设施设备操作规程及保养规范；设施设备运行正常。 4. 对共用设施设备定期组织巡查，做好巡查记录，需要维修，属于小修范围的，及时组织修复；属于大、中修范围或者需要更新改造的，及时编制维修、更新改造计划和住房专项维修资金使用计划，向业主大会或业主委员会提出报告与建议，根据业主大会的决定，组织维修或者更新改造。 5. 载人电梯早6点至晚12点正常运行。 6. 消防设施设备完好，可随时启用；消防通道畅通。 7. 设备房保持整洁、通风，无跑、冒、滴、漏和鼠害现象。 8. 小区主要道路及停车场交通标志齐全。 9. 路灯、楼道灯完好率不低于90％。 10. 容易危及人身安全的设施设备有明显警示标志和防范措施；对可能发生的各种突发设备故障有应急方案
（四）协助维护公共秩序	1. 小区主出入口24小时值勤。 2. 对重点区域、重点部位每2小时至少巡查1次。 3. 对进出小区的车辆进行管理，引导车辆有序通行、停放。 4. 对进出小区的装修等劳务人员实行登记管理。 5. 对火灾、治安、公共卫生等突发事件有应急预案，事发时及时报告业主委员会和有关部门，并协助采取相应措施
（五）保洁服务	1. 按幢设置垃圾桶，生活垃圾每天清运1次。 2. 小区道路、广场、停车场、绿地等每日清扫1次；电梯厅、楼道每日清扫1次，半月拖洗1次；楼梯扶手每周擦洗2次；共用部位玻璃每月清洁1次；路灯、楼道灯每季度清洁1次。及时清除区内主要道路积水、积雪。 3. 区内公共雨、污水管道每年疏通1次；雨、污水井每季度检查1次，并视检查情况及时掏净；化粪池每2个月检查1次，每年清掏1次，发现异常及时清掏。 4. 二次供水水箱按规定清洗，定时巡查，水质符合卫生要求。 5. 根据当地实际情况定期进行消毒和灭虫除害
（六）绿化养护管理	1. 有专业人员实施绿化养护管理。 2. 对草坪、花卉、绿篱、树木定期进行修剪、养护。 3. 定期清除绿地杂草、杂物。 4. 适时组织浇灌、施肥和松土，做好防涝、防冻。 5. 适时喷洒药物，预防病虫害

三 级　　　　　　　　　　　　　　　　　　　　　　　表 14-3

项　目	内　容　与　标　准
（一） 基本 要求	1. 服务与被服务双方签订规范的物业服务合同，双方权利义务关系明确。 2. 承接项目时，对住宅小区共用部位、共用设施设备进行认真查验，验收手续齐全。 3. 管理人员、专业操作人员按照国家有关规定取得物业管理职业资格证书或者岗位证书。 4. 有完善的物业管理方案，质量管理、财务管理、档案管理等制度健全。 5. 管理服务人员佩戴标志，行为规范，服务主动、热情。 6. 公示 8 小时服务电话。报修按双方约定时间到达现场，有报修、维修记录。 7. 按有关规定和合同约定公布物业服务费用或者物业服务资金的收支情况。 8. 按合同约定规范使用住房专项维修资金。 9. 每年至少 1 次征询业主对物业服务的意见，满意率 70% 以上
（二） 房屋 管理	1. 对房屋共用部位进行日常管理和维修养护，检修记录和保养记录齐全。 2. 根据房屋实际使用年限，检查房屋共用部位的使用状况，需要维修，属于小修范围的，及时组织修复；属于大、中修范围的，及时编制维修计划和住房专项维修资金使用计划，向业主大会或者业主委员会提出报告与建议，根据业主大会的决定，组织维修。 3. 每周巡查 1 次小区房屋单元门、楼梯通道以及其他共用部位的门窗、玻璃等，定期维修养护。 4. 按照住宅装饰装修管理有关规定和业主公约（业主临时公约）要求，建立完善的住宅装饰装修管理制度。装修前，依规审核业主（使用人）的装修方案，告知装修人有关装饰装修的禁止行为和注意事项。至少两次巡查装修施工现场，发现影响房屋外观、危及房屋结构安全及拆改共用管线等损害公共利益现象的，及时劝阻并报告业委员会和有关主管部门。 5. 对违反规划私搭乱建和擅自改变房屋用途的行为及时劝阻，并报告业主委员会和有关主管部门。 6. 各组团、栋、单元（门）、户有明显标志
（三） 共用 设施 设备 维修 养护	1. 对共用设施设备进行日常管理和维修养护（依法应由专业部门负责的除外）。 2. 建立共用设施设备档案（设备台帐），设施设备的运行、检修等记录齐全。 3. 操作维护人员严格执行设施设备操作规程及保养规范；设施设备运行正常。 4. 对共用设施设备定期组织巡查，做好巡查记录，需要维修，属于小修范围的，及时组织修复；属于大、中修范围或者需要更新改造的，及时编制维修、更新改造计划和住房专项维修资金使用计划，向业主大会或业主委员会提出报告与建议，根据业主大会的决定，组织维修或者更新改造。 5. 载人电梯早 6 点至晚 12 点正常运行。 6. 消防设施设备完好，可随时启用；消防通道畅通。 7. 路灯、楼道灯完好率不低于 80%。 8. 容易危及人身安全的设施设备有明显警示标志和防范措施；对可能发生的各种突发设备故障有应急方案
（四） 协助 维护 公共 秩序	1. 小区 24 小时值勤。 2. 对重点区域、重点部位每 3 小时至少巡查 1 次。 3. 车辆停放有序。 4. 对火灾、治安、公共卫生等突发事件有应急预案，事发时及时报告业主委员会和有关部门，并协助采取相应措施
（五） 保洁 服务	1. 小区内设有垃圾收集点，生活垃圾每天清运 1 次。 2. 小区公共场所每日清扫 1 次；电梯厅、楼道每日清扫 1 次；共用部位玻璃每季度清洁 1 次；路灯、楼道灯每半年清洁 1 次。 3. 区内公共雨、污水管道每年疏通 1 次；雨、污水井每半年检查 1 次，并视检查情况及时清掏；化粪池每季度检查 1 次，每年清掏 1 次，发现异常及时清掏。 4. 二次供水水箱按规定清洗，水质符合卫生要求
（六） 绿化养 护管理	1. 对草坪、花卉、绿篱、树木定期进行修剪、养护。 2. 定期清除绿地杂草、杂物。 3. 预防花草、树木病虫害

（二）达标考核

许多地区已经建立了达标考核制度，对服务质量定期检查，不能达到规定标准，将受到不同程度处理。

（三）履约情况

对供求双方的履约情况，行政主管不会经常去检查，但应建立正常的投诉渠道。房地产、工商、物价等行政主管部门根据自己的职能范围，处理履约过程中的实际问题。

二、服务收费管理

（一）服务成本

在国家发展委和建设部合发的《物业管理收费办法》已经规定了物业服务成本。物业管理企业收费时不能超出范围随便收费。

（二）收费标准

物业管理服务费分为公共服务费和特约服务费，公共服务费是对全体业主收取，特约服务费是对个别业主收取。

1. 公共服务

普通住宅的公共服务费许多地区都由物价管理部门核定，不允许超出标准收费。现在有些地区政府公布服务质量和收费标准的对应关系，由供求双方自己决定标准，物价管理部门只起备案作用。

2. 特约服务

许多业内人士都认为特约服务属于经营者定价，国家不干预。其实许多特约服务项目国家或各地地方都有收费标准，物业管理企业一定调查清楚，否则将被处罚，如：汽车存车保管费，各地都有明确规定；有些城市对两小时以下工时的修缮工作也有不同的收费标准。

（三）收缴率

管理费的收缴固然是供求双方自己的事，但如果收缴率过低以致于影响了行业的发展，国家应该采取措施或调整政策。

三、建立投诉机制

各行政管理区域的房地产行政管理部门，应当在本辖区内建立完善的投诉机制。其方式可以利用所有的媒体传递信息，如：书信、传真、电话和网络投诉等。对于投诉率较高的企业，载入信用档案将来评优、年检和投标时，都会受到不同程度影响。

复 习 思 考 题

1. 物业管理市场上目前存在什么问题？
2. 为什么要建立物业管理招标投标管理或服务机构？
3. 物业管理强制招标的法律依据是什么？
4. 为什么要协助资格预审？
5. 如何控制招标投标过程中的串通行为？

参 考 文 献

1 郝寿义主编．物业管理通论．深圳：海天出版社，1997
2 吴凤山主编．市场学．哈尔滨：哈尔滨工业大学出版社，1989
3 邓辉主编．招标投标法新释与例解．北京：同心出版社，2003
4 （美）雷蒙德 P. 菲斯克 史蒂芬 J. 格罗夫 乔比·约翰著．张金成等译．互动服务营销．北京：机械工业出版社，2000
5 李景泰主编．市场学．第 2 版．天津：南开大学出版社，1996
6 王家福主编．物业管理条例释解．北京：中国物价出版社，2003
7 马龙龙，李智编著．服务营销与管理．北京：首都经济贸易大学出版社，2002
8 唐德华，孙秀君主编．合同法及司法解释条文释义．北京：人民法院出版社，2004